要領よく
成果を出す人は、
「これ」しかやらない

8割さばいて「2割だけ」
集中する仕事術

塚本 亮

PHP

はじめに

⦿「あれ、何でがんばってるんだろう?」と思ったら

いきなりですが、質問です。

みなさんの日々は、充実したものでしょうか?

「毎日、仕事に追われている」

「やりたいことをやる時間をつくれない」

「恋人、家族と過ごす時間を犠牲にしている」

やらなければならないことに追われて、どうしていいかわからない状況に陥《おちい》ってはいないでしょうか。


人手不足がますます深刻さを増し、多くの職場から悲鳴が聞こえてきます。

仕事が多すぎる。にもかかわらず、どれも手を抜けない。

そんなジレンマを抱えた状況では、本当に成果を出すべき重要な仕事に集中できなく

なります。しかしながら、「成果を出さなければ」というプレッシャーを感じずにはいられないはずです。

気が遠くなりそうです。

実は、私自身もキャパオーバーになり、何もしたくないという無気力状態が続いたことがありました。

仕事を依頼してもらえることの嬉しさで、どんどん仕事を受けていたのです。

なかには、なぜ自分に依頼が来たのかわからないような、得意でもない、経験もない仕事もありました。

しかし、自分を評価して依頼してくれていることの嬉しさと、断わったらいつか仕事がなくなるのではないか、という気持ちで、苦手な仕事も受けていました。

そしていつからか、自分のキャパを超えている感覚を持つようになりました。


朝から晩まで仕事詰め。でも終わらない。

何をやっても楽しくない。

楽しく取り組んでいた仕事も、いつしか喜びを感じられなくなっていました。

そうなると、マイナス思考のスパイラルが止まりません。

「なんのために、毎日がんばっているのだろう」

「この努力は、正しい方向に向かっているのだろうか」


さすがに、「このままではヤバい」と思い、自分と向き合いました。

それまでは、忙しさにかまけて立ち止まる余裕すらなかったのです。

そこで、やっと気づきました。


大切なことは、すべての仕事に全力を注ぐのではなく、重要な仕事に集中し、今よりも少ない労力で成果を出す工夫だと。


エネルギーも時間も有限です。

何より、一度しかない与えられたこの人生も有限なのです。


この状況を打破するためには、成果を出すために重要な「2割の仕事」に焦点を当て、「残りの8割」は効率よくこなすことが大切です。

重要度の高い仕事には時間とエネルギーをしっかりとかけ、それほど重要度の高くない仕事は省エネで取り組む。

この本は、このコンセプトを中心に進めていきたいと思います。

◉仕事を速く終わらせると、仕事が増えるジレンマ

ここで、タイトルにもある「要領のよさ」を定義したいと思います。

私の考える要領のよさとは、「見極める力」です。

すべてのスタートは、「そもそもやる必要があることなのか」ということです。

資料を速くつくることよりも、そもそも資料をなくすことができれば。

毎週開催しているミーティングを、なくすことができれば。

部下や取引先の作業進捗《しんちょく》を、何度も確認する必要がなくなれば。

つまり、「これまでの当たり前」を疑える賢い人が、要領のいい人なのです。

なんとなくやっているけど、本当に必要なことかを考えてみると、「これって別に重要じゃないよね」というものが見つかるはずです。

その意味で、この本は、「立ち止まる」ための本です。

立ち止まってゼロベースで今の自分を見つめ直す本です。

私たちは自分自身の経験や知識、そして一般的な常識を基《もと》に物事を判断していますが、これらをいったんクリアにして、まっさらな状態から考え直してほしいのです。

というのも、仕事を「速くする」「短くやる」をテーマにした本はたくさんありますが、これらによって、「成果は上がったのか？」「やりたいことをやる時間は増えたのか？」という疑問が私にあるからです。

もちろん、こうした本を否定する気はありませんが、**現実問題として、効率を高めた結果、やるべきことがどんどん増えていて、多くの職場は疲弊しています。**

これは、果たして「本当の豊かさ」につながっているのでしょうか？

本書は、そうした本の「一歩先」を考えたいと思います。

やることは、やる。やらなくていいことは、やらない。

そして重要で時間をかけるべき仕事や活動に集中して、効率よくこなせるものはラクにさばく方法を考える。やる気や根性といった揺るぎやすいものには依存せず、仕組みで動かせるものはどんどん仕組み化する。

こうしたメリハリの利いた取り組みが、豊かな人生を送るための手段です。

◉立ち止まって、これまでの働き方を見つめ直そう

フレキシブルな働き方やリモートワークの環境が整い、どこでも仕事ができるようになりました。移動せずにミーティングできるようになって通勤時間を削減したり、通勤ラッシュによるストレスを回避できるようになった人も少なくないでしょう。

それなのに、オンとオフの切り替えがなくなってしまい、ダラダラと長時間労働をして疲れを感じている人もいます。

オンラインミーティングによって移動時間が減ったはずなのに、単純にミーティングの本数が増えてしまっている人もいるでしょう。

いったい、なんのために効率化しているのか？

こうした徒労感のある人に、この本を読んでほしいと思い、筆を執《と》りました。カフェで美味《おい》しいコーヒーを横において、この本を通して私と対話をしませんか？

第1章では、本書の概論である「力の抜きどころ」と「入れどころ」について。

第2章では、ストレスで生産性を下げないための「メンタル」について。

第3章では、最小の労力で成果を出す「頭の使いどころ」について。

第4章では、余計なことで悩まない「人間関係」の心得について。

第5章では、成果につながる2割に集中し、8割をさばく「仕事術」について。

第6章では、かけた時間に対して、努力が報われる「時間術」について。

それぞれ解説していきます。


この1冊を通して、35の問いを投げかけさせていただきました。

多くの方に共感していただけるかもしれないし、「いやいや、それは違うんじゃないか?」と思われることもあるかもしれません。

ただ、私がこの書籍に懸けた想いというのは、私との対話を通して、あなたのなかにある心の声と対話する時間を設けてほしいということです。

忙しい毎日に、なかなかそんな時間を持てていないかもしれないな、と思うから。

漠然と「現状を見つめ直さなければ」と考えていても、なかなかうまくはいきません。

考えるためには、問いが大切です。

その問いが詰まった1冊と考えてみてください。

正しいとか間違っているとかではなく、見つめ直す時間こそが豊かさの第一歩なのではないでしょうか。

読み進めることを目的とせず、どんどん立ち止まってください。

ペンとメモを用意して、考えたことを、頭に浮かんだことを、どんどん書き出してみてください。

あなたと過ごすこの時間が、豊かなものになりますように。

塚本　亮

要領よく成果を出す人は、「これ」しかやらない　目次

第1章　人生で大切なのは、「力の抜きどころ」と「入れどころ」

第2章 余計なストレスを抱えない「メンタル」

第3章 成果につながる「頭の使いどころ」

第4章 煩わされない「人間関係」の心得

第5章 2割に集中し、8割さばく「仕事術」

第6章

タイムパフォーマンス抜群の「時間術」

第1章

人生で大切なのは、「力の抜きどころ」と「入れどころ」

1.1 やることよりも、「やらないこと」を決めよう

あなたの周りは、「やるべきこと」や「やったほうがいいこと」で溢れていま す。でも、それは本当に必要でしょうか？ 仕事でもプライベートでも、「本当に大切なこと」に集中できていないのなら、「やらないこと」を決めるほうが先かもしれません。

⦿忙しさが必ずしも価値につながるわけではない

アップルの創業者であるスティーブ・ジョブズは、こう言ったそうです。

最も重要な決定とは、何をするかではなく、何をしないかを決めることだ。

目の前の仕事に一生懸命に取り組み、日々の暮らしに追われていると忘れがちですが、人生には必ず終わりがやって来ます。ずっと休まずに活動することはできません。

人の時間もエネルギーも有限なのです。

要領のいい人たちは、時間やエネルギーといったリソースが限られていることを、よく理解しています。そのため、すべてに全力を尽くすのではなく、成果につながる仕事や自分にとって最も意味のある活動に集中しています。

彼・彼女らは、自分の目標や価値観に基づいて、「やること（力を入れること）」と「やらないこと（力を抜くこと）」を明確に区別しているのです。

しかし、恥ずかしながら、かつての私はこの区別ができていませんでした。

私が執筆した『「すぐやる人」と「やれない人」の習慣』（明日香出版社）は、先延ばしを解消し、効率的に行動するための方法を提供することで、シリーズ50万部を超えるベストセラーとなりました。

この本の成功により、私には「すぐやる人」というイメージが定着し、本業以外の仕事が数多く舞い込むようになりました。

確かに、依頼が増えることは嬉しいことです。

しかし、仕事を選ばずに受け、目の前の仕事を必死にこなしていると、同時に自分がすり減っていくような感覚を覚えました。

「すぐやる」ことは、仕事をするうえで大切な習慣ですが、私は「自分がやらなくてもいいこと」ですら、力を入れて取り組んでいたことに気がつきました。

その後、私は仕事の依頼をすべて受けるのではなく、自分の興味や気分に合わないものは断るようにしました。

また、メールの即時返信をやめ、特定の時間に集中してチェックするように変更しました。

このように、いくつも「やめること」を決めたことで、集中力が増し、最小限の努力で成果が出るようになってきたのです。

そうした経験から、「忙しさが必ずしも価値につながるわけではない」ことを学びました。

仕事で求められるのは嬉しいものです。しかし、これは罠《わな》でもあります。

忙しいと、何かをしている気になるのですが、忙しさに溺れてしまうと、成果につながる仕事や、自分にとって価値のある活動に集中できなくなるのです。

だからこそ、「何をするか」よりも「何をしないか」を明確に決めることが重要なのだと、身をもって理解できました。

⦿やらないことを決める「自分への質問」

そうはいっても、「手を抜けない」「人に仕事を任せられない」から、「やること」と「やらないこと」を明確に分けられずに、タスクを抱え込んでいる。そんな人は少なくないと思います。

それぞれの対処法は後で詳しく解説しますが、「やること」と「やらないこと」を区別するにあたって、まずやってみてほしいことがあります。

それは、「その仕事をやらなかったら、どうなるか？」という自分への問いかけです。

その仕事をやらなかったとしたら、どんな影響が出るだろうか？

それをしないと、仕事が成立しないのか？

その仕事は、自分（あるいはチーム）の目標達成に必要なことなのか？


改めて自分に質問してみましょう。

案外、すでにいらない社内慣習だったり、新しい方法に置き換えられることがわかるのではないでしょうか。

であれば、慣習そのものを廃止したり、新しく提案することで改善できます。


本当に重要なことを見極め、やらなくてもいいことを遠ざける。

これが、人生を豊かにする秘訣です。

この問いかけは、自分自身の目標達成に集中するために「やらないこと」を決める第一歩です。

要領のいい人は、時間を浪費するものからなるべく距離を置き、自分にとって最も価値のある活動に時間を費やします。

あなたにとって何が重要なのかを特定してください。

それがわかれば、それ以外のことはあなたの人生にとって大きな意味を持たないことがわかります。

Point

「それをやらなかったらどうなるか」を想像してみよう

1.2 20％に集中するための「省エネ」戦略

やるべきことは終わって、「これから重要な仕事に取り掛かるぞ」「趣味に没頭するぞ！」と意気込んでも、疲れて気力も体力も残っていない。そんなあなたに見習ってほしいサッカー選手がいます。世界的な名プレイヤー、リオネル・メッシです。

⊙メッシは、常に全力で走っているわけではない

要領がいい人たちは、すべてに全力を投じるわけではなく、エネルギーの配分を賢く行っています。彼・彼女らは、サッカーの名選手リオネル・メッシのプレースタイルを彷彿《ほうふつ》とさせます。

実はメッシは試合中、常に全力で走っているわけではありません。ゴールへの瞬間的

なダッシュや、試合の行方《ゆくえ》を左右する決定的なシーンでのドリブルなどで力を発揮しているのです。それ以外は、結構休んでいたりします。

これは単にサボっているわけではありません。

「力の入れどころ」、つまり重要な場面で全力を出すために余力を蓄えているのです。

緩急のコントロールが巧みなこのアプローチは、「パレートの法則」とよく似ています。全体の20％の努力で80％の成果が得られるというこの法則は、重要なタスクにエネルギーを集中させることの必要性を示しています。

要領がいい人たちは、この20％のタスクに焦点を当て、残りの80％には適度な労力を割り当てます。

たとえば、メールの対応を考えてみましょう。

要領がいい人は、すべてのメールに同じように時間をかけるのではなく、特に重要な文面のみ集中して作成し、「いつもお世話になっております」などといった定型文は、予測変換で対応しています。

また、要領のいい営業マンは、成約の可能性が高い顧客に対して優先的にアプローチしています。成約の可能性が低い顧客に同じ労力は割《さ》かないでしょう。

このように、要領がいい人たちは、「力の入れどころ」を見極め、自分の力を最適に配分しています。必要なときに必要なだけ力を発揮することで、効率的かつ効果的に目標を達成します。

⦿常に全力で、40年間働き続けられますか?

緩急のコントロールは、「いざ」というときに力を発揮することに役立つだけでなく、持続可能なパフォーマンスを維持することにもつながります。

疲弊することなく、長期的な成功を収めることができるのです。

現役時代を長くしたいと願うのは、サッカー選手に限った話ではなく、ビジネスパーソンも同様です。

これからの時代、65歳以上も現役として働き続けなければならない人は増えていきます。大学を卒業してから40年近く、高校を卒業してすぐに社会に出た人ならもっと長く、働き続けることになるのです。

そこで、常に全力疾走で仕事人生を駆け抜けることはできるでしょうか。

もちろん、なかにはできる人もいるでしょう。ですが、そんな人は全体のなかでも数%です。

いくら健康に気を配っていても、多くの人は気力や体力が衰《おとろ》えていきます。これは、抗《あらが》いがたい事実です。

だからこそ、80%の成果が得られる全体の20%を見極め、「ここぞ！」というタイミングで全力を尽くす働き方にシフトしていくべきなのです。

結局、成功への道は、目の前のタスクをこなすことだけではなく、それが大きな目標にどのように貢献しているかを常に意識することから始まるのです。

Point

緩急を意識して働くから、長く続けられる

1.3 「80点主義」でいこう

責任感が強い一方で、なかなか仕事に妥協できない完璧主義の人は、多くのタスクを抱え込みがちです。どうすれば、もっと肩の力を抜けるのでしょうか？真面目ながんばり屋さんに、心がラクになる考え方を紹介します。

⊙ 完璧主義の人は、何を恐れているのか？

完璧主義の人は、細部にまでこだわり、きちんと仕事をやり抜く「職人気質《かたぎ》」な人が多いように感じます。テキトーな仕事をしない点において、完璧主義の人は非常に頼もしい存在と言えるでしょう。

一方で、多くのタスクが次々と発生し、同時に複数のプロジェクトを進める必要があるのに、なかなか仕事を手放せないという一面もあります。

完璧な100点を求めてしまうため、最適解の80点でOKを出せないのです。

なぜ、妥協できないのでしょうか？

フェイスブックの元COOであるシェリル・サンドバーグの次の言葉には、完璧主義の人への深い洞察がうかがえます。

何もかも完璧にやろうとしたり、すべてが正しく行われることを期待していると、最終的に失望することになる。完璧主義は敵である。

完璧主義者は、自分に高い目標を課し、他人の評価を過度に気にし、間違いを過剰に恐れる傾向があります。

だから、妥協できずに仕事を抱え込み、パフォーマンスが下がるのです。

このような性質は、完璧ではない自分を低く評価することにつながり、常に強いストレスにさらされ、結果として精神的健康を害することにつながります。

完璧主義の人は、こうした生きづらさを抱えているのです。

より悪い方向に働くと、自分の檻《おり》のなかに閉じこもるようになります。

アメリカの心理学者スティーブン・ベルグラスとエドワード・ジョーンズが提唱した「セルフ・ハンディキャッピング」という概念は、この点をよく示しています。

セルフ・ハンディキャッピングとは、「失敗しても仕方がない言い訳」をつくったり、「そもそも挑戦しない」という自己防衛が働く心理のことです。

完璧主義者はしばしば、「忙しいからできなかった」「最近体調が悪いから遠慮する」などと言って、自分を守ります。

これによって、自尊心を守ることはできますが、目標に挑戦するよりも、自分を守るための言い訳を探すことに力を注ぐようになるでしょう。

完璧を目指すことに固執すると、このような自己制限的な心理が働くようになり、結果的に自身の可能性を閉ざしてしまうのです。

⊙理想的な100点よりも、実用的な80点

目指すべきは、理想的な100点よりも、実用的な80点です。

完璧でなくても、合格点にさえ達すれば仕事は進むのですから、戦略的に妥協することも必要です。

そもそも、仕事における100点なんてありません。学校の試験ではないので、正解は1つではないのです。

完璧主義の人が考える100点が、上司や取引先、市場が求めているものとも限りません。案外、完璧主義の人が「こんなんでいいの？」と首を傾《かし》げたくなる企画が通ったり、顧客に喜ばれたり、売れたりするケースはたくさんあります。

なお、勉強においても完璧主義は避けるべきです。

たとえば英語学習では、翻訳家でない限り、英単語の意味をざっくりと覚えるだけで十分です。文脈があれば、前後の言葉の流れから大体の意味が摑《つか》めます。

すべての意味を完璧に覚える必要はないのです。しかし、完璧を目指すあまり、しばしば1つの単語にこだわりすぎ、学習が進まない人をたくさん見てきました。

単語学習では「質よりも量」が重要で、多くの単語を覚えることが質の高い理解につながります。そのため、「文脈で意味が変わるので、70〜80％くらいの理解で大丈夫だ

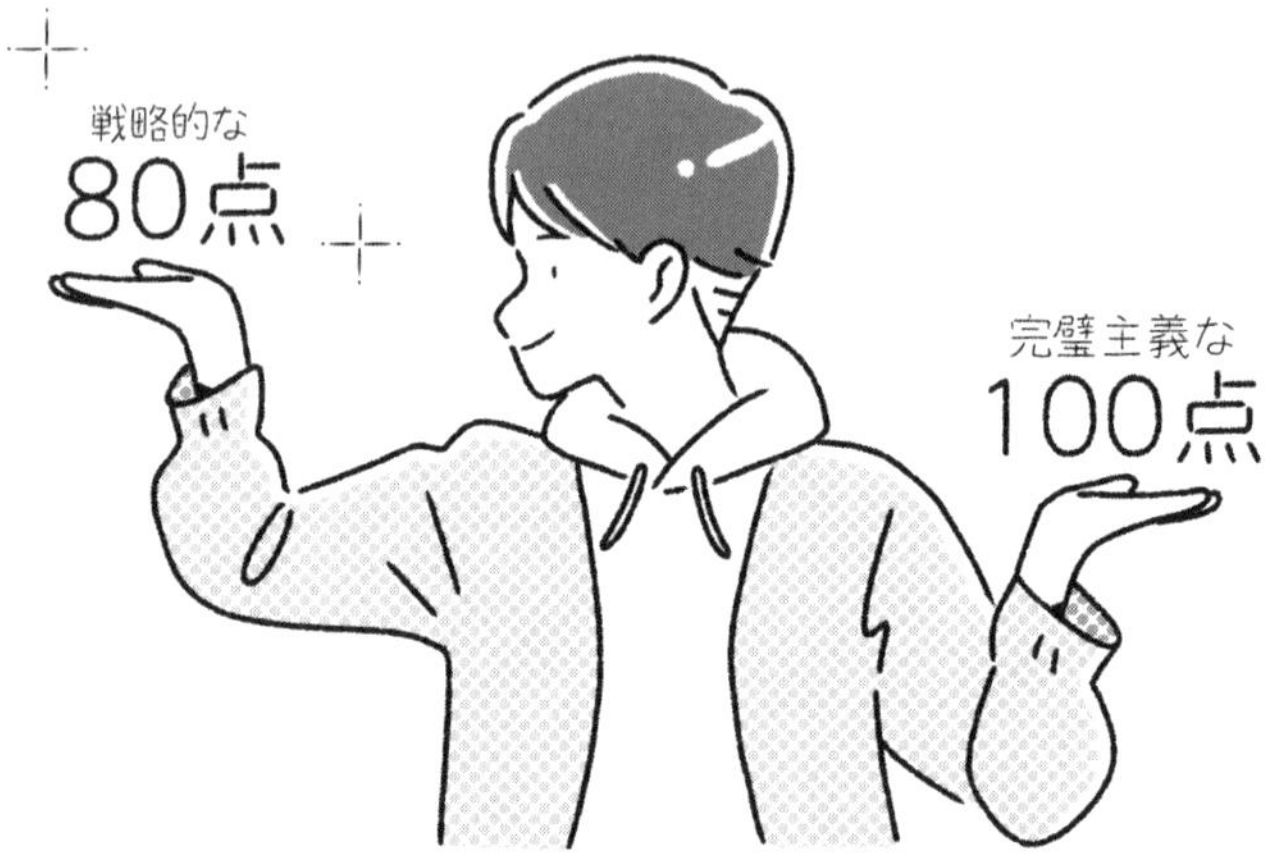

よ」とアドバイスしています。

適当に力を抜くことも、効率的かつ健康的な生活を送るうえでは、重要なスキルです。

この考え方は、特に現代社会において重要でしょう。

多くの人が成果に対するプレッシャーにさらされている現代、より高いパフォーマンスを求める完璧主義の人は増えているように感じます。

しかし、完璧主義を求めすぎると、ストレスなどで、かえってパフォーマンスが下がるのは先に説明した通りです。

それよりも、戦略的に妥協したほうが、仕事もプライベートもより充実したものになるでしょう。

Point

時には、戦略的に妥協しよう

1.4
「運の波」がこないときは、立ち止まる

何をやってもうまくいかない。そんなときは、1回「クールダウン」することが大切です。運が自分に向いていないときには、攻めるよりも体勢を立て直すほうが先。「力の入れどころ」が変わるのです。

⊙人生には、「攻め」と「守り」の時期がある

仕事やプライベートで物事がうまく進まないときは、誰にでもあります。すごくストレスが溜《た》まりますよね。世の中から見放されたのではないかと感じるくらい、自分だけが空回りしているように感じます。

人生って、「潮の満ち引き」みたいなものです。

時には波が寄せてきて、いろんなチャンスや喜びが自然とやってくる時期がある。これが満ち潮のとき。すべてが順調に感じられ、人生が輝いて見える瞬間です。

一方で、引き潮の時期もあります。物事が思い通りに進まなかったり、ちょっとした挑戦や困難の波が訪れることも。そんなときは、ちょっと立ち止まって、自分自身と向き合ったり、これからのことをじっくり考えるいい機会です。

人生における満ち潮は、攻めの時期。どんどん思うことをやればいいでしょう。

一方で、なぜかうまくいかないことが続くような引き潮は、守りの時期。満ち潮のときとは「力の入れどころ」が変わります。

大丈夫です。チャンスは必ず来ます。「攻め」と「守り」の流れは自然や人生のリズムと同じで、いつも変わり続けます。

このサイクルを受け入れることが、何より大切なのかもしれません。

スポーツの試合では、こうした「流れ」がよくわかりますね。

ゲーム中、どちらか一方のチームにずっといい流れが続くわけではありません。時にはチームがチグハグになったり、相手に攻め込まれる苦しい時間帯もあります。

そんなとき、焦って無理に攻めようとするのは避けたほうがいいのです。焦りからミスを連発することもありますし、それによって蟻地獄《ありじごく》にハマっていくこともあります。

そういう厳しい時間帯は、我慢の時間だと思って、まずは冷静になって、体勢を整える。相手に点を取られないことを最優先にしましょう。自分たちのペースを取り戻すためにも、守りを固めて、じっくりとチャンスを待ちます。

チーム全体で冷静になって、一致団結することが、試合を好転させるきっかけになるものです。

⦿うまくいかないなら、「1回流れを止めてみる」

うまくいかないときに、状況を変えようと新しいことを始める人がいますが、私はこのアプローチは基本的に避けるべきだと考えています。

なぜなら、攻めたところで、成果につながりにくい時期だからです。

こういうときは、いっそ「今の流れを止めてみる」が正解です。「なぜ、うまくいかないのか」という振り返りや分析をすることが先決なのです。

多くの人が、何かをやめることに対して不安を感じたり、罪悪感を持ったりするものです。

これはビジネスにおける「サンクコスト」の概念に似ています。

サンクコストとは、一度投じたコストが回収できずに失われることを意味し、「もったいない」という気持ちから、一度始めたことをやめるのが難しいと感じる心理状態です。

しかし、重要なのは過去にとらわれず、現状をゼロベースで見直し、新たな視点で物事を考え直すことです。

うまくいっていない状況を解消するためには、問題点を放置するのではなく、まずはそれに対処することが必要。

何かを始めることは比較的容易かもしれませんが、時にはやめる勇気も必要です。

私自身、好奇心が旺盛で新しいことに挑戦するのが好きです。いい波が来ているとき

は、すべてがうまくいき、挑戦が楽しく感じられます。

しかし、波が悪いときは、どうしてもうまくいかず、苦しい思いをすることもあります。そんなときは、我慢の時期だと考えて、何がうまくいかないのか原因をしっかり特定することに時間を費やします。

そして、問題の原因となっていることからは、思い切って撤退します。

いいときもあれば、悪いときもある。

いいときは、思いっきり挑戦して、悪いときには決して無理をしない。

このメリハリが重要です。

うまくいっていない原因を理解し、それ

に対処することで、次の挑戦に向けての準備ができます。
好奇心を持って新しいことに挑戦するのは素晴らしいことですが、同時に、うまくいかないときには、冷静に現状を分析し、必要なら撤退することも、大切な学びと成長につながる一部です。

Point

波が来ないときは目の前のことを着実にこなし、チャンスを待つ

1.5 継続のポイントは、「チート・デイ」の使いどころ

仕事もプライベートも、結局は心とカラダが資本。健全なメンタルと健康なカラダがなければ、質の高い生活も、いい仕事もできません。しかし、休むことが苦手な人もいます。そんな人に伝えたい、要領のいい人が実践する「息抜き」とは？

⊙長期戦は、「ガス抜き」でモチベーションを維持

仕事の目標は、一朝一夕《いっちょういっせき》で達成できるものではありません。勉強やダイエットのような目標も同様で、数カ月以上の時間をかけてじっくりと取り組む必要があります。

そこで重要なのは、目標達成のための継続です。適度に休息を取りながら、適度な緊

張感を持って続ける習慣が重要です。

しかし、真面目すぎる人は、「サボることはダメ」という意識が強すぎて、疲れていても休まずに続けようとしてしまいます。

息切れしてモチベーションが一気にダウンするのも時間の問題です。

これでは、成果を上げるどころか、目標達成前に倒れてしまいます。

一方で、要領のいい人は息抜きが上手です。私がこれまで出会ってきた要領のいい人は、いい意味で「ズル休み」が上手な印象でした。

いわゆる「チート・デイ（cheat day）」、直訳すると「反則の日」「ズルの日」を設けていたのです。

たとえば、ダイエットではカロリーを制限したり、糖質を控えるため、ストレスが溜まりやすい傾向にあります。ここでストレスを上手に解消できなければ、モチベーションが低下し、継続が困難になります。

また、ダイエットではその過程で体重が上下することは普通であり、「あんなにがんばっているのに、うまくいかない」と言って挫折《ざせつ》する人も少なくありません。

そこで、ダイエット中でも「好きなものを食べていい日」を週に1回設けてあげます。ケーキやラーメンなど、普段は制限している食べ物を楽しむことで、何カ月もの減量生活のなかで生じるストレスやモチベーションの低下を軽減できるのです。

特に、体重が落ちていない期間でも、チート・デイを上手に活用することで、モチベーションの維持ややる気の再燃につながり、ダイエットの継続が容易になります。

アムステルダム自由大学の研究によると、「チート・デイ」を設けた人と設けなかった人とでは、「チート・デイ」を設けたグループのほうが、目標に向けて継続的に取り組むことができたそうです。

また、この研究から、チート・デイを設けることによって次の3つの効果が得られることがわかったそうです。

第一に、セルフコントロール（自制心を働かせること）力を回復できること。

第二に、モチベーションを維持しやすくなること。

第三に、感情が安定することです。

実際に、私の友人であるプロアスリートの一人は、週に一度チート・デイを設けて、好きなものを好きなだけ食べる日をつくっています。

その他の日は、食事管理を徹底していますが、このチート・デイを毎週の楽しみの1つとすることで、感情が安定して、モチベーションを落とさずに済み、自制できると言います。

ダイエットを例にチート・デイの効用を説明しましたが、これは仕事も勉強も、何かを続けるという意味で重要です。

何事にも、物事が思い通りに進む時期と停滞する時期の波が訪れます。

物事が思い通りに進む時期は気持ちが乗っているため、疲れを感じにくいのですが、停滞する時期が来ると「疲れが溜まってきた」と感じることがあります。

そうしたときこそ、チート・デイの出番です。

重要なのは、この時期に自分をさらに追い込まないことです。

チート・デイを利用してリフレッシュすることで、気持ちを切り替え、エネルギーを回復させることができます。

これは、長期的な継続と目標達成のための効果的な戦略と言えるでしょう。

当たり前な話ですが、仕事もプライベートも、心身が資本となります。

心身が健康であれば、仕事の効率やクリエイティビティも向上し、プライベートの時間もより充実したものになります。

逆に、健康を害すれば、仕事の生産性は低下し、プライベートの楽しみも減少してしまいます。

日々の生活のなかで体調を整え、健康を維持することは、仕事の成功とプライベートな幸福の両方にとって非常に重要な要素です。

Point

停滞する時期こそ、チャージしよう

第2章

余計なストレスを抱えない「メンタル」

2.1

弱さを克服しようとしても、あまりいいことはない

どんな人にも長所と短所があります。多くの人は短所を直そうと努めますが、要領のいい人は、特に直そうとしません。それよりも、相手の長所を活かして、自分の短所を補います。そのほうが、ストレスが少ないからです。

⊙相手の専門領域を尊重しよう

人にはそれぞれ「向き不向き」や「得手《えて》不得手」があります。

数字に苦手意識を持つ人もいれば、対人コミュニケーションが苦手な人もいます。新しいアイデアを生み出すことに長《た》けている人や、他者の心を摑むのが得意な人もいる。

このように、人はそれぞれ違うから社会が成り立ちます。それぞれの強みを活かしながら貢献しているのです。

スポーツでもそうですよね。守備が得意な人がいれば、攻撃が得意な人もいる。足の速い人もいれば、誰にも負けない戦術眼を持っている人もいる。違う個性を持った人たちが集まり、互いの良さや強みを活かすから、チームが機能します。

だから、要領のいい人は、自分が不得意なことに対して無理に挑戦しません。苦手なことを無理に解消しようともしません。

当然のことながら、どうしても不得意なことでがんばろうとして仕事をこなすのは時間がかかりますし、成果も出にくいものです。

苦手なことは、自分よりも上手にこなせる人に任せてしまったほうが、合理的で物事はスムーズに進むでしょう。

私の会社では、英語の添削・校正サービスを提供していますが、ユーザーによって本当にさまざまな要望があります。

物理学を専攻している人の論文添削を希望する人もいれば、美術史を専攻している人の論文添削を希望する人もいます。法律文書の添削を希望する人もいます。

たとえ日本語が得意であっても、専門外の分野、たとえば物理学の複雑な論文を読み解くのは困難ですよね。専門的な知識や用語に対する理解が必要になるため、その分野に精通していないと、内容を正確に理解することは難しいのです。

これは、言語だけにとどまらず、専門性の高い分野全般に言えることです。

同じように、英語が母国語であるからといって、すべての英語の文書を理解できるわけではありません。

特に、専門的な分野では、その分野の専門知識がなければ、文書の内容を適切に理解することは困難です。

たとえば、法律や医学、工学などの分野では、専門的な用語や概念が豊富に用いられており、それらを理解するには、その分野の学習と経験が不可欠です。

英語の文書をチェックする際にも、単に言語を理解するだけではなく、文書の内容に関連する専門分野に精通していることが重要となります。

やはりそれぞれの分野にフィットする人をあてるほうが、物事はサクサク進むに決まっています。そのため、海外のフリーランスでそれぞれの道に詳《くわ》しい人物を見つけ、仕事を依頼するための仕組みを築いていています。

その分野に詳しい人にお願いすれば、作業も確実で、スムーズに進むので、ユーザーにも最適なサービスを提供できますから。

結局のところ、専門性を尊重し、それぞれの分野のエキスパートに適切な役割を委《ゆだ》ねることが、全体の効率性を高め、よりよい成果を生む鍵となるのです。

⦿あなたの専門性は何ですか？

私は自分の強み（専門性）について考えてみると、新しいアイデアを生み出すことに長けていることを実感します。

創造力とイノベーションのスキルを持っているのですが、そのアイデアを実現する過程には、私一人の力では限界があります。

私が思い描くアイデアやビジョンを具体的な計画に落とし込み、それを管理し実行に移すには、マネジメントする人が必要です。

私のアイデアが形になるのは、それを細分化し、管理してくれる人たちのおかげです。

細かい作業や日々の管理業務は、私にとっては苦手な領域です。

そうした細かい部分にエネルギーを消耗《しょうもう》するよりも、自分の得意分野であるアイデア創出に集中するほうがずっと効率的です。

そのため、私は組織やチーム内で、細部にわたる作業を得意とする人たちと協力し、彼らにそのようなタスクを任せることで、全体の生産性を高めることが大切だと気づきました。

私は、自分の強みを最大限に活かしながら、チーム全体の効率と成果を向上させることができます。

アイデアを思いつくこととそれを実現させることは、異なるスキルセットを要求されます。

私のアイデアが現実のものとなるためには、各人の得意分野を活かしたチームワークが不可欠なのです。

あなたはどうでしょうか。苦手なことでも無理して、「なんとか形にしなければ」とがんばっていないでしょうか。

要領よく何かを進めるために必要なのは取捨選択です。何をやるかを決めることも大事ですが、何をやらないかはそれ以上に大事なのです。

Point

弱点は補うもので、強みを活かすから成果が出る

2.2 自分を変えず、「環境」を変えよう

帰ったらお酒をガマンして資格試験の勉強、ダイエット中だから甘い物はガマン……。実はこうしたセルフコントロールは、長期的にモチベーションの低下を招く原因となります。自制心を働かせずに、自分の欲望に勝つ方法はあるのでしょうか。

⦿意志の力を使うだけで、疲弊してしまう？

こんな研究結果をご存じでしょうか。

2017年にカールトン大学のマリナ・ミリャフスカヤ教授とトロント大学のマイケル・インズリット教授が行った研究では、159人の大学生を対象に目標達成率と誘惑物との接触回数の関係が調査されました。

この研究で明らかになったのは、誘惑物との接触回数が少ないほど、目標を達成する可能性が高まるということです。

つまり、目標を達成するためには、誘惑に打ち勝つことではなく、そもそも誘惑物との接触をなるべく減らすことが重要なのですね。

誘惑に対するセルフコントロールが、長期的にみると実はモチベーションの低下を招く原因となることが示されています。

たとえば、「ダイエットのためにケーキをガマン」と決める際、「食べたい」という欲求を抑えることは、心のエネルギーを消耗させ、モチベーションを低下させます。

要領のいい人たちは、自分との不必要な戦いを避けます。

意志の力を使うことで、精神的に消耗することを知っているからです。

早起きして資格試験の勉強をする場合も考えてみましょう。テキストを購入し、早起きする時間を決め、学習計画を立てる。ここまではいいスタートです。

しかし、重要なのは誘惑物への対処です。周囲に誘惑が多い環境では、計画通りに学習するのが難しくなります。

そのため、勉強環境を整え、誘惑物を手の届かない場所に置くなどして、計画に集中できるよう工夫することが重要です。

このように、意識的に誘惑物との接触を減らすことが、目標達成の鍵なのです。

特に、スマートフォンが阻害要因になっていることが多いかもしれません。連絡のテンポが上がり、ひっきりなしにスマートフォンが鳴っています。何かをしようと思っていた矢先にＬＩＮＥの通知が来たり、ＳＮＳの更新があったりすることで、気が散ってしまうことがあります。

対処法としては、勉強や仕事の時間にはスマートフォンを別の部屋に置く、または通知をオフにするなどして、集中力を保つ工夫などが考えられます。スマートフォンを使用する時間を決めておくことも、誘惑を減らす１つの方法です。

こうした小さな工夫を積み重ねることで、意志の力を節約しながら、本来の目標に集中することが可能になります。

現代社会において、テクノロジーとの適切な付き合い方を見つけることは、目標達成のために不可欠なスキルと言えるでしょう。

要領のいい人たちは、自分の弱さや限界を把握しています。だからこそ、自己制御を要する状況を減らし、モチベーションを維持しているのです。

この方法は、自分自身の限界を認識し、それを素直に認める能力を持っているからこそできることでしょう。自分の能力を過信していないのです。

結局のところ、自分自身をよく知っていること。これが、賢く目的を達成するための重要なポイントなのかもしれません。

ストレスなく目標を達成するためには、自分が集中しやすい環境を、自分の手でつくることが一番です。

自分の弱さや限界を知り、先に手を打ってみてはどうでしょうか。

Point

自制心を働かせなくてもいい環境をつくる

2.3 「負の感情」を制御して、生産性を下げない

ネガティブな感情にとらわれて、仕事が進まず、プライベートも楽しくないときがあります。気分の波は誰にでもありますが、要領のいい人は、どのように負の感情をコントロールしているのでしょうか？

⦿「ネガティブな感情」を避けるほど、ネガティブになる

気分の波は、誰にでもあります。

調子のいい日は、気分が乗り、前向きにさまざまなことに取り組めますが、そうした日々がずっと続くことはありません。不安や悲しみ、落胆、苦しみなどのネガティブな感情に心がとらわれることは珍しくありません。

特に、多くのことにチャレンジしているときは、なおさらです。

むしろ、うまくいかないことのほうが多く、負の感情に振り回されがちです。

一定の周期で訪れるネガティブな感情との付き合い方は、生産性を維持するうえでも非常に重要です。

多くの人は、負の感情を早く解消したいと考えますが、実はこれは間違っています。ネガティブな感情をなんとかしようとしすぎて、かえってそれを増大させてしまうのです。

リバウンド現象をご存じでしょうか。

心理学ではよく知られている概念で、落ち込んでいるときや辛いとき、悲しいときに無理に明るく振る舞おうとするほど、ネガティブな感情が強くなってしまう現象のことです。

ネガティブな感情を避けるほど、その感情に意識が集中してしまいます。

早く立ち直らなければいけない、悲しい顔をしている場合じゃない――。そういった真面目な性格が、逆に自分を追い込んでしまうのです。

「シロクマのジレンマ」という実験もあります。
アメリカの心理学者ダニエル・ウェグナーが行ったこの実験では、シロクマに関するビデオを見せた後、シロクマを考えないようにと指示したグループが、逆に一番シロクマを思い出していました。
これは、何かを意識的に避けようとすることが、実際にはその対象をより強く意識することにつながることを示しています。

ですから、仕事で大きなミスをしてしまったとき、失恋などプライベートで辛い思いをしたとき、そのことを無理に忘れようとはせずに、負の感情もそのまま受け入れてしまいましょう。

悲しいときは悲しみに浸《ひた》り、辛いときは辛さを受け入れることが大切です。

また、感情を抱え込まずに、信頼できる友人や家族などに心境を吐露《とろ》することも効果的です。人に話すことで、心が軽くなります。
また、負の感情も吐露することで、心のなかのモヤモヤが解消され、感情の正体をより具体的に理解することができます。

ストレスフルな現代を生きる我々にとって、感情のコントロールは自己管理の一部です。負の感情との健全な付き合い方を理解し、実践することは、現代人の必須教養といっても過言ではないのです。

ですが、ひとたび感情のコントロールをマスターすれば、個人の精神的健康を保ち、長期的な成功への道を拓《ひら》くことができます。困難な状況でも負の感情に振り回されない能力を身につけることで、挑戦が苦にならなくなるからです。

そのためにはまず、ネガティブな感情を受け入れて、その感情に蓋《ふた》をしない。これだけ実践してみてもらえればと思います。

Point

ネガティブな感情は、すぐにアウトプット

2.4 「承認欲求」の飼いならし方

他人から認められたい「承認欲求」は、誰にでもあります。しかし、それが行きすぎると、他人の評価に左右されて疲れてしまいます。強い承認欲求で失敗したことがある私が、自らの体験から学んだ、「承認欲求の飼いならし方」をお伝えします。

⊙がんばることに疲れたら、承認欲求が強い証？

人は、なぜ努力するのか。考えたことはありますか？
他人にいい印象を与えたいから、認められたいからがんばるのでしょうか。
おそらく、私をはじめ、多くの人は「違う」と答えるでしょう。
本当は理想の自己像に近づくため、もしくは目標を達成するためです。

ですが、この本来の努力の形を承認欲求が捻《ね》じ曲げてしまうことがあるのです。

承認欲求自体は誰もが持ち合わせている感情であり、「他人から認められたい」と考えるのは普通のことです。

しかし、厄介《やっかい》なのは「強すぎる承認欲求」の存在です。過度な承認欲求があると、他人の評価や視線に過敏に反応します。人の顔色をうかがい、自分の価値観よりも他人の反応に左右されて物事を決める傾向が強まるのです。

すると、なぜ努力しているのか、その本来の目的を見失います。自分のために始めた努力が、いつの間にか他人に認められることが目的になってしまうのです。

また、余計な雑念が頭に浮かぶため、集中して目の前の仕事や活動に取り組めず、効率は下がっていきます。

さらに、成果も上がらないので、目先のことばかり考えて視野が狭くなる……。

これでは、心がしんどくなる一方でしょう。以前の私がそうでした。

1・1でも少しお話ししましたが、以前の私は強い承認欲求から、仕事の依頼を無理に受け入れてしまい、しばしばキャパシティオーバーに陥っていました。

実際には、「これは本当に自分がやるべきことなのか？」と疑問を感じつつも、他人に認められたい気持ちがそれを上回っていたのです。

結果として、「なぜこんなことばかりしているのだろう。これは自分の進むべき方向ではないのでは？」と自己嫌悪に陥ることもありました。

このような状況では、心身共に消耗していきます。

仕事を引き受ける際に違和感があれば、当然、仕事への意欲も湧《わ》かず、その仕事をやり遂げようという気持ちも薄れていきました。次第に成果も出なくなりました。

あるとき、これは仕事を依頼してくれた相手に失礼な行為だと気づきました。

結局、常に自分のベストを尽くす努力をすることが、結果的に他人に認められることにつながるからです。


もし、あなたが「がんばることが、しんどい」と感じているのであれば、承認欲求のバランスが崩れている可能性があります。**「がんばることが、しんどい」のは、「他人のための努力」と「自分のための努力」がごっちゃになっている証《あかし》だからです。**

そんなときは、自分の評価されたい気持ちが強くなりすぎていないか、確認してみてください。

そのうえで、「自分はどんな仕事をしたいのか、どう生きたいのか」を考え直してください。この内省は、今の努力が目標につながっているかを確認する軌道修正です。

もちろん、周囲の意見を完全に無視すべきではありません。

特に仕事においては、依頼者や受け手が存在し、彼らが価値を感じることでその仕事が成立します。したがって、相手がどのように価値を感じているかを理解することも、非常に重要です。

ただし、自分の軸が決まれば、「相手にとっての価値か」「自分にとっての価値か」を見極められるはずです。

そうすれば、一歩引いて今の仕事や取り組みを見られるため、他人の期待に過剰に応えようと思わなくなります。肩に余計な力を入れすぎることもなくなるでしょう。

Point

誰のためにがんばっているのか、心に聞いてみよう

2.5 要領のいい人ほど、たくさん失敗する

「要領がいい人は、失敗しない」、そう思い込んでいませんか？　いえ、むしろ逆です。見えないところで、数多くの失敗を重ねています。なぜなら、「失敗しない仕事や取り組み」ばかりしていても、ジリ貧になっていくことがわかっているからです。

⊙「早めに小さく転んでおく」から、大失敗しない

要領がいい人は、サクサクと仕事をこなし、安定的な成績を上げる。そんなスマートな印象を抱くかもしれません。

確かにそうですが、見えないところで失敗も重ねています。

なぜなら、小さなトライ&エラーを繰り返しているからです。

要領がいい人は、定例業務をいくら早くこなせるようになっても、確実に実績を上げられる「勝《か》ち確《かく》（勝ちが決まっている）」な仕事ばかりしていては、成長できないことを理解しています。

だからこそ、要領のいい人は、「失敗にこそ価値がある」と考えています。

「失敗と書いて、成長と読む」と言ったのは、元プロ野球監督の故・野村克也《のむらかつや》氏ですが、要領のいい人も同様で、失敗から知見を貯《た》める重要性を理解しているのです。

もちろん、誰にとっても失敗は避けたいものです。しかし、早めに小さく転んでおくからこそ、いざというときの大失敗を避けることができます。

たとえば、顧客にプレゼンをする前に、上司や同僚にちょっと違う言い回しを試して反応を見てみる。新商品開発の企画を提案する前に、社内でターゲットに近い人たちにダメ出しをしてもらう。

早い話が、テストマーケティングしているのです。そしてそれは、ネガティブなフィードバックがあればあるほど、成長できます。

そのためには、短期的な成功や失敗に焦点を当てすぎないことです。

私自身、何かに挑戦する際、「うまくいくか、うまくいかないか」よりも、「成長できるかどうか」を判断基準にしています。

小さな失敗から得た学びは、やがて大きな成果へと成長するのです。

エジソンの「私は失敗したことがない。ただ、1万通りの、うまくいかない方法を見つけただけだ」という言葉も、成功者が常に失敗を語ることの一例です。

この言葉は、短期的な勝ち負けにこだわらず、大きな目標を見据えていることを表わしている好例でしょう。

チャレンジする以上、失敗が多くても当然という精神を持ち、そこから学べば、長期的には成功へとつながります。

⦿本当の意味での成功や失敗は、後でわかる

一方で、短期的な成功が長期的な失敗を招くこともあります。

たまたまの成功による慢心が、将来の失敗につながる可能性もあるのです。

私自身、こんな体験をしました。

大学院入学と同時にアパレルビジネスを立ち上げた私は、起業してすぐに大きな成果を上げることができました。

この経験から、「稼ぐことは簡単だ」という誤った認識を持ち、ケンブリッジ大学修士課程を卒業後、日本に帰国してビジネスを本格化させました。

当初はうまくいっていたものの、すぐに状況は一変しました。

成功が「たまたま」の時の運であると気づかず、ビジネスを拡大し続けた結果、大失敗に至りました。

当時の私は、「世の中は簡単だ」と高《たか》を括《くく》っていましたが、現実はそう甘くはありませんでした。

この経験は短期的な成功がもたらす大きな失敗の一例です。この大きな失敗で深刻なダメージを受けましたが、そこから学んだことが今の私の基盤となっています。

今では、「その失敗があったからこそ、今がある」と思えるようになりました。

先の野村克也氏の言葉、「失敗と書いて、成長と読む」に加えて、「勝ちに不思議の勝ちあり、負けに不思議の負けなし」という言葉も思い出します。

これは、負けには必ず原因があることを意味しています。私の経験からも、短期的な成功に驕《おご》り、長期的な視点を見失った結果、失敗に至ったことが明らかです。

これらの経験を通して、私は勝ちや負けに対する洞察を得ました。

短期的な成功に満足せず、失敗から学び、それを次の成功へとつなげることが重要です。失敗を恐れずにチャレンジを続け、その過程で得られる教訓を大切にすることが、最終的な成功への道となります。

「人間万事《にんげんばんじ》、塞翁《さいおう》が馬《うま》」という故事成語《こじせいご》があります。

一見、不運なことが幸運につながったり、幸運なことが不幸につながったりすることのたとえで、人生において、幸運か不運かは容易には判断できないことを表わしています。

成功も失敗も同じことではないでしょうか。

一時点で、何が本当の意味で成功か、何が本当の意味で失敗かなど、誰にも語れるわけがありません。

つまずきや失敗は、改善のチャンスです。それらをうまく改善することができれば、同じような問題に直面している他の人を助けることが可能になります。

だから、何かを決めてチャレンジして失敗したとしても、恥ずかしいと感じる必要はありません。

失敗から得られる学びは、同じ過《あやま》ちを繰り返さないための貴重な手がかりとなり、それが大きな前進へとつながります。

結果に腐らなければ、失敗も成功も、どちらも糧《かて》になるのです。

Point

短期的な成功や失敗にとらわれないようにしよう

2.6 自分と「異なる価値観」を面白がろう

自分と異なる意見を受け入れるのは難しいものです。しかし、衝突するより、受け入れるほうがストレスもなく、成長できるでしょう。それぞれの人が多様な価値観を持ち、「わかり合えない」ことが多いなかで、要領よく生きていくコツとは？

⊙自分を過信しないから、人の意見に素直になれる

気の合う人や価値観が同じ人との時間は快適ですが、異なる雰囲気を持つ人との接触は時に煩《わずら》わしく感じられることもあります。

しかし、要領のいい人は常にオープンマインドで、新しい方法や異なる意見に対して積極的に開かれています。

彼らは自分の知識や方法が常に正しいとは限らないと理解しており、新たな知識を吸収することに意欲的です。

このような姿勢により、幅広い知識を深く身につけることが可能になります。

また、要領のいい人は自分のやり方が最も効果的であるとは限らないという認識を持ち、よりよい方法があればそれを取り入れる柔軟性を持っています。

先入観を持たずに新しいことを学ぶことで、彼らは多様な環境や異なる考え方にも対応できるようになります。

このようなオープンマインドな姿勢は、自身の視野を広げ、さまざまなアイデアや方法論にアクセスすることを可能にします。

オープンマインドであることは、単に新しい情報を受け入れるだけでなく、異なる視点や意見を尊重し、自分の考えを広げる機会として捉えることも含まれます。

これにより、要領のいい人は多様性のある環境でも成功しやすく、さまざまなシチュエーションで柔軟な対応が可能になります。

一方で、要領の悪い人は自分の知識や特定のやり方こそが正解であると考えてしまうことから、マインドがクローズになってしまっています。新しいことを学ぶのに抵抗を感じたり、自分のやり方にこだわってしまいます。

心理学でいう「現状維持バイアス」が作用します。知らないことや経験したことがないことを受け入れたくないという心理的傾向のことですね。自分の知識ややり方に固執する人は客観的に自分を見られないので、自分の間違いにもなかなか気づけないのです。

⊙パリのエレベーターに、「閉」ボタンはない

認知バイアスの1つに「確証バイアス」というものがあります。ある思い込みがあると、それを支持する情報ばかりを集めて、反対意見に対して蓋をしてしまうのです。

特に今はSNSの時代なので、自分と似たような価値観を持っている人を見つけることが容易です。

本来、自分の考え方ややり方が正しいかどうかは、自分が間違っている可能性も考慮

しないといけませんよね。

オープンマインドではない人は、特に自分の考えを変えたくないという傾向がありま す。無意識に都合のいい情報しか集めなくなります。そのため、ますます偏《かたよ》った考えに陥ってしまいます。

自分を成長させるためには、自分自身の価値観を揺さぶる経験が重要ですが、これは容易なことではありません。

そのため、異質なものや人々に出会い、なぜ彼らが自分と違うのかを考えることが自分自身を疑うきっかけとなります。

異なる考え方や価値観がどのように形成されたのかを理解しようとすることで、自分の視野を広げることができるのです。

海外へ行くことも、異なる文化や価値観に触れる有効な手段の1つです。

たとえば、日本の電車の時間通りの運行とは異なる国々の公共交通機関を経験すると、異なる生活様式や価値観を理解する機会が得られます。

私自身、パリのエレベーターに「閉」ボタンがないことから、異なる文化のなかでの生き方や価値観と出会い、自分の価値観を再考するきっかけになりました。

今後、日本でも外国人労働者が増えることが予想されます。

多様な文化や価値観を持つ人々との関わりは、自分たちの生き方や働き方を見直す機会をもたらします。

異なる考え方や文化を持つ人々に興味を持ったり、理解しようとする努力は、自分自身の成長につながるだけでなく、より豊かな社会を築くための一歩となります。

時代を前進させるのは、その時代の圧倒的多数と異なる考え方を持つ人々です。

これまでの歴史を見ても、常識から外れた思考を持つ人々が新しい時代を築いてきました。自分と異なる考え方を持つ人々は、1つ先の時代を行く先駆者である可能性があります。これはあくまで可能性の話ですが、重要な視点を提供しています。

ソニーの創業者である井深大《いぶかまさる》氏が「常識と非常識がぶつかったときに、イノベーションが生まれる」と述べたように、新しいものへの開放性が重要です。

自分の既存の知識や方法に固執することなく、新しいアイデアや情報、意見に心を開くことが重要です。これまで当たり前だと思っていた考え方を疑い、自分のなかの常識と非常識が衝突する場所で、新しい思考が生まれる可能性があります。

このように、新しいものに対してオープンであることは、自分自身の成長だけでなく、イノベーションや時代の変化に貢献するために不可欠です。

自分のなかにある固定観念を超えて、異なる視点や新しい考え方を取り入れることで、個人の視野を広げ、より豊かな思考を育《はぐく》むことができるのではないでしょうか。

Point

海外旅行などで、異なる文化や価値観に触れてみよう

第3章

成果につながる「頭の使いどころ」

3.1 「がんばらないこと」を、がんばっていますか？

どの職場も人手不足の昨今、より少ない時間と労力で、最大限の成果を生み出す必要があります。そのためには、努力を最小限に抑えることが鍵となります。しかし、実体はどうなのでしょうか？

⊙努力しても報われない人のある「勘違い」

日本生産性本部による「労働生産性の国際比較２０２３」に基づくＯＥＣＤデータでは、２０２２年の日本の時間当たり労働生産性は52・３ドル（約５０９９円、購買力平価換算）で、ＯＥＣＤ加盟38カ国中30位に位置しています。

この結果は１９７０年以降で最も低い順位を示しており、統計的に見ても、日本人の労働効率が低いことを示しています。

日本では「がんばり屋さん」とされますが、長時間労働にもかかわらず生産性が低いのは問題です。

目的に直結しない余分な作業を省《はぶ》き、より効果的な成果につなげる「努力しない努力」も大切ではないでしょうか。

そもそも、すべてにおいて努力は必要でしょうか？

努力しなくても目標を達成できるのであれば、それでいいと思いませんか？

やらないに越したことはない。なるべく、省エネでありたい。

その分、本当に成果につながる仕事に集中したり、プライベートの時間を充実させたほうがいいに決まっています。

要領のいい人にとって、「努力は目標達成の手段」にすぎません。

一方で、要領の悪い人は、努力が手段ではなく目的になっています。

「努力すれば何とかなる」「うまくいかないのは努力不足だ」と考えがちですが、闇雲《やみくも》に長時間働いて、目の前のタスクに没頭しても成果は得られません。

常に忙しいと言っている人は、間違いなく一生懸命働いています。しかし、努力に見合った評価や成果が得られていない人が少なくない印象です。

なぜなら、がんばらなくてもいいところで、力を入れているからです。

たとえば書類作成において、要領の悪い人は、多くの情報を詰め込んで必要以上に長い文書をつくりがちですが、本当に知りたいのはそこではなかったりします。

結果、評価されないので、モチベーションが低下してしまうのです。

本当に必要なのは、仕事の進め方を見直し、成果につながる効率的な方法を見つけることです。

仕事の優先順位をつける、時間管理を徹底する、効果的な段取りをつける、必要なときには適切な手助けを求めるなど、効率を高める具体的な戦略の実践です。

これは仕事に限った話ではなく、スポーツ、恋愛などさまざまなことに共通しています。余分な努力に力を注ぎすぎると、不必要に力が入りすぎてしまい、結果としてうまくいかないことが多いのです。

少ない労力で成果を出すためには、「努力を省く努力」を常に意識することが不可欠です。

そして、「努力の方向性」を常に正しく把握することが大切になります。最短距離でゴールするには、常にその方向性が正しいのかを自問自答する必要があります。

そこで、「この努力は本当に必要か？」という質問を自分に投げかけます。

これは、目の前の仕事に夢中になりすぎて、本来の目的から逸《そ》れた余計な作業に手を出さないためのお守りでもあります。

本当の「力の入れどころ」でがんばりましょう。

これにより、同じ時間とエネルギーを使っても、より高い目標を達成することが可能になります。

Point

がんばらなくてもいいところで「力を入れすぎない」

3.2 最短で成果を出す「目的思考法」

目的を達成するためには、極力、無駄なことをしないで気力と体力を温存したいところです。ところが、実際には仕事においてもプライベートにおいても遠回りすることがたびたびあります。どうして、そのようなことが起こるのでしょうか？

⊙その努力、正しい方向に進んでいますか？

シンプルに考えるために最も大切なことは、目的を明確にすることです。

目的地にたどり着くためのルートはさまざまですが、重要なのは、常に行動がその目的地にたどり着くものであるかを基準に問い続けることです。

たとえば、フランス旅行を計画する場合、ゴールが「世界遺産モン・サン・ミッシェルを訪れること」と定めたら、そこに至るまでのルートやプランを考えます。日本からパリまで飛行機で行くか、ロンドン経由でユーロスターを利用するかなど、多様なルートが存在します。また、パリからモン・サン・ミッシェルまでの移動手段、滞在期間、費用、他の観光計画など、細かい要素を考慮しなければなりません。フランスでは交通機関のストライキが頻繁に発生するため、モン・サン・ミッシェル訪問には余裕を持った計画が必要かもしれません。

このように、ゴールが明確であれば、それに向けた効果的な段取りやプランニングが可能となります。ゴールを定めることで、どのように目的地にたどり着くか、どのような手段や経路が最適かを検討することができるのです。

にもかかわらず、私たちの計画や行動において、たびたび手段が目的化します。

それによって、遠回りするだけならばまだいいのですが、目的を見失って迷子になることもたびたびあります。ストレスフルなこと、このうえありません。

たとえば、社内で業務効率化を目的としたプロジェクトが立ち上がり、新しいソフトウェアの導入やワークフローの見直しなどが行われたとしましょう。

しかし、時間が経つにつれて、新しいシステムの導入やプロセスの改善自体が目的化してしまい、本来の業務効率化という目的が忘れ去られるケースがあります。

ダイエットに関してもそうですね。健康維持を目的としてダイエットを始めたのに、体重を減らすことが目的化してしまい、いつの間にかダイエットの趣旨が健康よりも減量になり、不健康な食生活や過度な運動に走ることもあります。

社会人の英語学習でも同じことが起こります。ビジネスシーンで英語が使えるようになることを目的としているのに、テストで好成績を残すことが目的化してしまうのです。これでは、実践で使えるスキルは身につきません。

この現象を避けるためには、目的を定期的に問い直すことが重要です。

すなわち、行動や計画を進める過程で、常に「なぜこれを行っているのか」「本来の目的は何か」と問いかけを行うことが必要です。

ただ、ビジネスや人生では、時々、目標を変更する柔軟性も必要です。変化の速い世の中では、これまでの目標が意味をなさなくなることがあるからです。

そこで、定期的に目的を見直し、それに基づいて行動や計画を調整することで、再び効果的かつ効率的なルートを検索することが可能になります。

目的を明確に保つことは、無駄な努力を避け、成功への道をより確実なものにするために不可欠です。

要領のいい人はどんな行動を取るにしても、目的は何であるか、そしてその行動が目的に向かってどのように貢献するかを常に問います。

目的が明確であればあるほど、それに向かう行動の選択がシンプルになるからです。

逆に、目的が不明確だと、取るべき行動の方向性がぼやけ、なんとなくの行動が増えるため、無駄な努力や迷いを生じさせることになりかねません。

したがって、どんな決断をする際にも、その行動が最終的な目的にどう貢献するかを明確にし、それを基準に判断することが、シンプルな思考への鍵となります。

そのためには、目的を明確にすることで判断基準が明らかになりますから、シンプルに考えられるようになるのではないでしょうか。

Point
「目的と手段」の逆転現象に気をつける

3.3 みんなが「見えていない問題」に気づくには？

要領のいい人は、自分が置かれた状況に応じて何をすべきかを知っています。そのために必要な能力が、全体を見て状況を判断する「俯瞰《ふかん》力」です。俯瞰力があれば、適切な行動を取れるだけでなく、目には映らない「変化」も見えてきます。

⊙ゴールより、ドリブル突破にこだわる残念な人

私たちは日々多くの意思決定をしています。そこで大切になるのが「大局観（俯瞰力）」です。「俯瞰力」とは何でしょうか。それは物事を広い視野で捉え、全体の状況や流れを理解する能力や考え方を指します。

俯瞰力を持つことは、局所的な事象にとらわれず、長期的な目標や大きな枠組みを見

据えて判断や行動を行うことを意味します。

たとえば、サッカーにおいて、ドリブルで相手を抜くことはとても気持ちがいいし、最高にかっこいいプレーです。

しかし、サッカーは11人対11人で戦うチームスポーツ。

目の前の相手1人を懸命にドリブルで抜いても、その後ろに待ち構える残りの相手たちにボールを奪われては意味がありません。

サッカーはゴールを多く奪ったほうが勝つスポーツで、ドリブルで何人抜いたかを競うスポーツではないからです。

味方にパスを出したほうが簡単に敵のゴールに迫れるならば、その選択をしなければいけません。ドリブルを上手にできるスキルは必要ですが、それと同等、もしくはそれ以上に重要なのは、いつドリブルが必要なのかを判断するスキルです。

つまり、そこでドリブルをすることが最良の選択なのかを判断できないと「ただの独《ひと》りよがり」になってしまいます。がんばるのは、そこではありません。

全体を見て、自分の役割を意識して振る舞えることが、要領のいい人の条件です。

◉俯瞰力で、目に映らない「流れ」を予想する

優れたサッカー選手は、ピッチでプレーしながらも空からフィールド全体を見ているような俯瞰力を持っていると言われます。

それにより、俯瞰力の高い選手はピッチ上の全体的な状況を理解できます。どの選手がどこにいて、どのスペースが空いているかを把握することが可能になります。

ですから、フィールド上の変化に敏感です。その変化を感じ取り、決定的なチャンスをつくり出すことができます。

この変化は、フィールドの一部だけを見ていても感じ取れないでしょう。

これは社会の変化でも同じです。一部の変化しか見ていないと、大きな社会のうねりを見落とすことになります。目の前の変化に対応し、利益を上げていくことは大切ですが、大きな変化に気づいたときには、すでに手遅れということもあります。

2006年に初めてケンブリッジを訪れた際、私はスーパーマーケットで大きな衝撃を受けました。売り場の半分が冷凍庫で占められていたのです。

その背景には、イギリス人が日本人ほど料理をしない文化がありますが、それ以上に

Point
目には映らない変化をイメージしよう

高い離婚率や一人親世帯、単独世帯の増加があることを知りました。

それから約15年が経ち、日本のスーパーマーケットやコンビニを見ると、おひとり様向けの商品が店頭のトレンドを大きく変えています。これは、15年前のイギリスでの体験が、現代日本での生活様式の変化を予見していたかのようです。

このイギリスのスーパーマーケットの事例は、大きな社会的変動を映し出しています。目の前の出来事を見ているだけでは気づきにくい深い文化的、社会的な動きが水面下で起こっていることを示唆《しさ》しているのです。

要領のいい人なら、ここで日本にもこの波がくることに気づき、誰も動いていないときに行動できます。これこそが、ビジネスチャンスを嗅ぎ取る力です。

目に見えるものは氷山の一角。水面下で何が起こっているのか、そこに思いを巡らせることこそ、頭の使いどころと言えるでしょう。

3.4 「因数分解」で原因を突き止めよう

ビジネスでもプライベートでも、私たちが解決すべき問題はいつも複雑です。いったい、どこから手をつければいいのか、わからない。そんなときは、「問題を小さく分割する」ことから始めると、解決の糸口が見えてきます。

⦿漫然とがんばっても、問題は解決できない

私は仕事柄、いろんな大学で授業をする機会があるのですが、たくさんの学生を指導していて、いつも感じるのが問題解決スキルの個人差です。

要領がいい学生は問題解決スキルが高く、問題の根本原因を的確に特定できるため、努力が直接改善につながります。

彼らは問題を分析し、原因を理解することで効果的な解決策を見つけ出します。

一方で、要領が悪い学生は、問題の原因を特定せずになんとなく取り組んでしまうので、結果として効果的な解決策を見つけることができません。

根本的な原因には触れていないので、繰り返し同じ問題に直面してしまいます。

たとえば、あなたが英語のリスニング試験でスコアアップをしたいと思った場合に何に取り組むでしょうか。

「英語を聞かなきゃ！」と思って、がんばってたくさんの英語を聞こうとしていないでしょうか。これは要領の悪い人のパターンです。

実際の試験を思い浮かべてみましょう。

問題冊子が机に置いてある。そこに設問文と選択肢が書いてある。それに目を通して何が問われているのか、どんな選択肢が並んでいるのかを把握します。

そして流れてくる音声に耳を傾けます。その内容を理解しながら、選択肢から正答だと考えたものにチェックをつける……。

という流れなのですが、まず問題文や選択肢を文字で読んで理解することが必須です。これを理解できなければ、正答にたどり着くことは難しいですよね。何が問われているのかわかっていない状態ですから。

さらに、リスニング音声を文字起こししたスクリプトを読んでも理解できない場合、音声を聞いてその内容をしっかりと理解することは難しいです。

なぜなら、読むことのほうが時間をかけて理解することができるからです。理解できない主な原因は、単語や文法の理解不足にあります。

この点を踏まえると、リスニング試験でスコアを伸ばすためには次の3つの要素が必要です。

・設問と選択肢を素早く正確に理解するスキル
・試験に出る単語と文法の理解
・英語の音に対する理解

これらの要素を詳細に分析することもできますが、大まかにでも理解し、何をすべきかを明確にしていれば、努力すればスコアは伸びます。

しかし、実際には多くの人が英語の聞き取りに集中していても「スコアが伸びない」と感じています。

これは、正しい努力の方向性を見失っていることに他なりません。

正しい努力をするためには、まず「何が必要か」を因数分解して考えるのが重要です。

多くの人は、この点でつまずいているのが現状です。

⦿「抽象的な表現」で、ごまかしていませんか？

要領のいい人の共通点は、「因数分解」の技術に長けているということです。

たとえば、プロジェクトの進捗という課題があるとき、「計画管理」「チームの協力」「リソースの確保」という要素に分けて考えることができます。

数学の問題ではなく、因数分解とは課題の構成要素を明確にすることです。

任務を達成し、成果を出すためには、具体的に何が必要かを分析する力が求められます。

たとえば、プロジェクトを成功させなければならないとき、そのプロジェクトの成功は何によって構成されているのかを分析する必要があります。

「一生懸命プロジェクトを進めよう」という抽象的な表現では、結局何をやればいいのかがわかりません。気持ちは大切ですが、それだけでは成果には結びつきません。

よくある例を挙げると、

プロジェクトの成功＝計画の正確性×チームワーク×資源の効率的利用

というように、プロジェクト成功の要素を分解して考えることができます。

このように要素分析を行うことで、

「計画は正確か、それとも見直しが必要か」

「チームワークをどう強化できるか」

「利用可能な資源は最大限活用されているか」

といった具体的な問いに直して考えることができるようになります。

「プロジェクトを完璧に進める！」といった抽象的な表現ではなく、「計画の精度を上げつつ、チームワークを強化し、資源を効率的に利用してプロジェクトを成功させる」というほうが、具体的な行動計画が明確になります。

ですから、「ただ、がんばるだけ」では不十分なのです。

単に気合いで解決できるものではないのです。

Point

問題を細分化するから、具体的なアクションを起こせる

3.5 要領のいい人は、なぜ同じ過ちを繰り返さないのか？

ミスや失敗は、誰もが通る道です。ただしそこで、要領のいい人は、同じ過ちを繰り返しません。過ちを繰り返す人と一度で学習する人は、いったい何が違うのでしょうか？

⊙「経験学習モデル」の4ステップ

「経験学習モデル」という言葉を聞いたことはあるでしょうか。

このモデルは、心理学者デイビッド・コルブによって提唱され、彼の「経験学習の理論」（1984年）で詳述されました。

経験学習モデルは、学習のプロセスが実際の経験を通じて行われるという考え方に基づいています。

現代のように環境の変化が激しい時代では、日々の経験から学び、それを自分の知識やスキルとして統合することが重要です。

経験学習サイクルは、経験したことをノウハウに変え、成長していくために欠かせないプロセスと言えるでしょう。

このサイクルを理解し、実践することで、絶えず変化する環境のなかでも適応し、成長を続けることが可能になります。

経験学習モデルは、具体的な経験から学び、成長するプロセスを示します。

このモデルでは以下の４つのステップが重要です。

①経験：実際の経験を行う

②内省：行動の振り返りとフィードバック。経験を内省し、分析するプロセスです。これはビジネスにおける「振り返り」とも呼ばれ、「リフレクション」としての重要な要素を持ちます。ここで重要なのは、経験から学び取ろ

という意欲です。

③教訓：経験を多面的に捉え、教訓にする。振り返りを通じて、「これは成功した（または失敗した）。次はこうするべき」という仮説を立てます。このステップでコツやノウハウとしての教訓が生まれます。

④実践：行動を修正し、挑戦する。教訓を実際の職場で実践し、新たな経験を得るプロセスです。これにより、次の経験学習サイクルに進むための基盤が形成されます。

要領のいい人は、経験をした直後に振り返りを行うことで、その経験から学ぶことができます。このアプローチは、新鮮な記憶を活用し、具体的で有意義な教訓を引き出すのに効果的です。

彼・彼女らは経験した出来事に対して深く考え、自分の行動や結果に対して責任を持ちます。このプロセスを通じて、彼らは繰り返し同じミスを避け、継続的な改善と成長

経験学習モデル

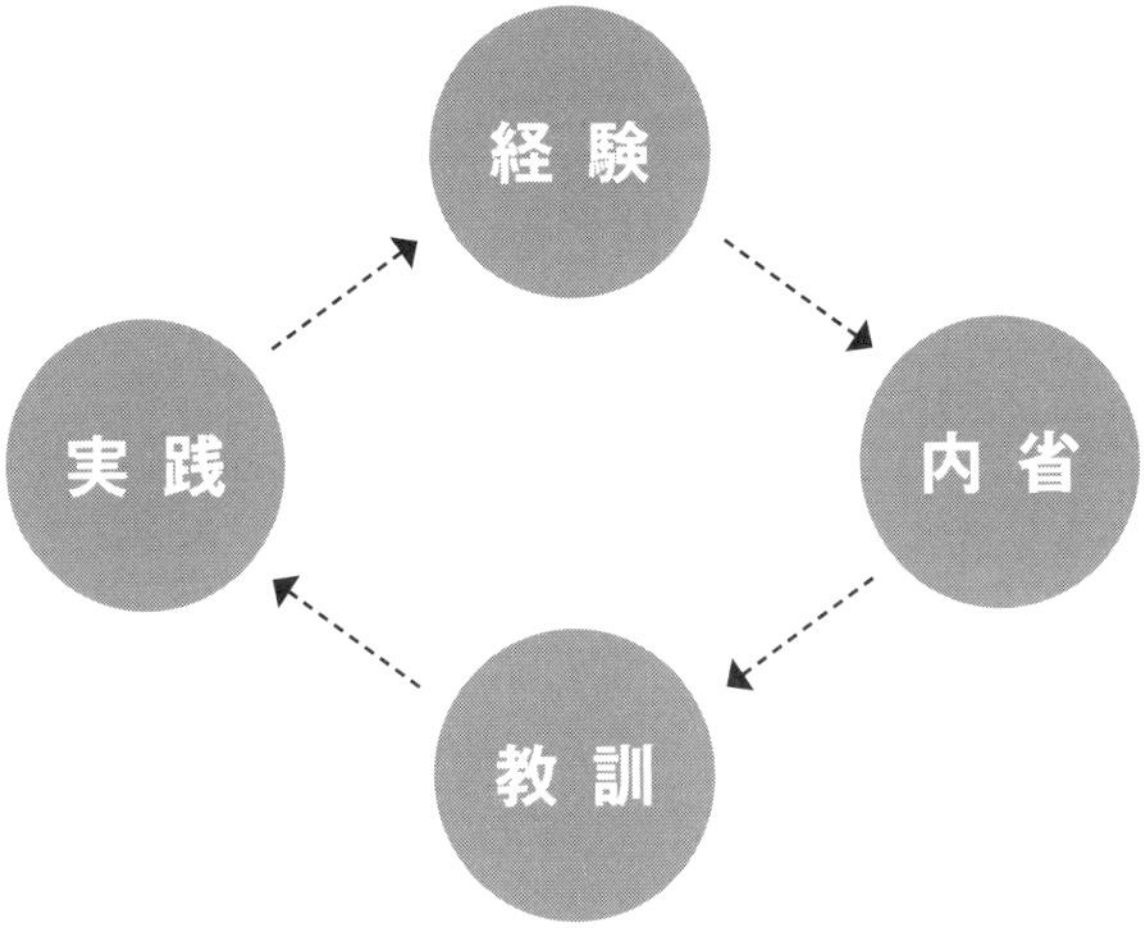

を遂げることができます。

◉学んだことは「すぐ」復習しよう

忘却曲線について、多くの人がその存在を知っていることでしょう。

忘却曲線は、ドイツの心理学者ヘルマン・エビングハウスによって提唱されたもので、時間の経過とともに学習した情報がどのように忘れられていくかを表す曲線です。

エビングハウスの研究によれば、情報を学んだ直後は記憶が鮮明ですが、時間が経過するにつれて忘れやすくなります。

特に学んでから20分後には約42％の情報

が忘れられ、24時間後には約70％が忘れ去られるとされています。

ただし、これはあくまで平均的な傾向であり、個人差や内容などによって忘れる速度は異なります。

したがって、時間が経過すればするほど忘れるのは自然なことなので、なるべく早期に振り返りを行わないと振り返りの効果が薄くなると言えます。

多くの人は、経験から直ちに学ぶことを怠《おこた》ります。行動の結果をしっかりと振り返ることなく、次のタスクに移行してしまうのです。

これにより、彼らは同じ過ちを繰り返す傾向にあり、成長の機会を逃してしまいます。彼らは経験から学ぶことがないため、根本的な問題の解決に至らず、同じ問題に何度も直面することになります。

要領のいい人と要領の悪い人の大きな違いは、振り返りと学びのプロセスにおいて顕著に表れます。

経験をただ経験として受け止めるのではなく、それを自己成長の機会として活かすかどうかが、成果につながる鍵となるのです。

Point

常に自己改善。要領の悪い人は反省点を認められない

3.6 ニーズとズレないための「聞く力」

いくら一生懸命に仕事をしたところで、顧客や取引先、上司の求めているアウトプットとずれていれば、成果にはつながりにくいでしょう。思い込みで仕事を進めると、労力の割にリターンが小さくなってしまいます——。

⦿すべては「聞く」ことから始まる

ピーター・ドラッカーは『創造する経営者』(ダイヤモンド社)のなかで、次のように述べています。

顧客と市場を知っているのはただ一人、顧客本人である。

これは、相手が何を求めているのかは、相手自身しか知らない、ということを示しています。

たまに、打ち合わせなどで自分の話ばかりに集中している人がいます。

こうした人は、相手が何を求めているのかを聞き出すチャンスを逃してしまいます。その結果、自分なりの解釈で仕事に取り組み、がむしゃらにがんばっても、成果につながらないことが多いでしょう。

成果が出ないのは、努力が足りないからではなく、相手のことを理解できていないために、努力の方向性が間違っていたことが原因です。

要領よく仕事をするには、相手の要望や意向を正確に理解することが欠かせません。要領のいい人は、総じて聞き上手です。相手の話をしっかりと聞き、的確な質問を通じて相手の課題を見つけ出します。

これにより、適切な解決策を提供することが可能になるのです。

私自身、以前は聞くことの重要性を理解していませんでした。

話し方や伝え方に関する本をたくさん読んでいましたが、それだけでは十分ではありませんでした。

なぜならば、それらはすべて「一方通行のコミュニケーション」だからです。

昨今は、「伝え方」にばかりフォーカスされがちですが、コミュニケーションはむしろ、「聞く」ほうが大切なのではないでしょうか。

相手の話を「聞く」から始め、それから「話す」。

そうすれば、相手が求めている内容とずれずに済むでしょう。

これは、私が話し方教室に通った際に、気づいた学びです。

⦿本当の「聞き上手」とは何か?

そもそも、「聞き上手」とは、いったいどんなことを意味するのでしょうか。

それは、相手の意図を理解し、ニーズを把握することです。

そのうえで、相手の抱える問題に対して解決策を伝えることができれば、言うことはありません。

ただし、聞くことは簡単なようでいて、案外難しいものです。

自分が何かを伝えようとしている際に、相手の話を途中で遮《さえぎ》ったことなどはありませんか？

これでは、相手が不快になるだけでなく、意見を伝える機会を失ってしまいます。相手の本当の意図や気持ちを理解することは、ますます難しくなるでしょう。

また、一方的な営業トークも、聞く側にとっては疲れるものです。それだけでなく、営業を受ける側は、「本当に、私たちに必要な商品を紹介してくれるのかな？」と不安になるでしょう。

では、どうすれば聞き上手になることができるのでしょうか。

基本的なことですが、相手から求められるまで、基本的には「自分の話をしない」ことです。

もちろん、自分から胸襟《きょうきん》を開くことで、相手との距離を詰めることも大切ですが、緊張して余計なことを言ったり、つい自分のほうが話しすぎることはあるものです。目的は、相手のニーズを把握することなのですから、まずは相手に「この人は話をちゃんと聞いてくれる」と感じさせることが大切です。

そうすることで、相手は心を開き、より深い話をしてくれるようになります。

相手が話しているときは、共感する姿勢を示してください。

相手の目を見て相づちを打ち、会話にリズムをつけることで、相手が話しやすい雰囲気をつくるよう心がけてください。

そうすると、より相手はあなたに心を開きやすくなります。人は自分の話に関心を持ってくれたり、共感してくれる人に心地よさを感じます。


相手が話し終わったら、「ありがとうございます。お話、よくわかりました」などと、相手が伝えようとしている内容をきちんと理解したという意志を示しましょう。

そのうえで、より深く理解をするために、

「なぜ、○○されているのですか?」

「なかでも一番改善したいポイントはどこでしょうか?」

といった質問を投げかけることで、相手のニーズをより深掘りできます。


もし、相手の伝えたいことがよくわからないようであれば、

「○○ということでしょうか？」

というふうに、あなたなりに相手の話を要約してみてください。理解の通りであれば、問題ありませんし、仮に違っていたとしても、相手は訂正してくれます。

よく、「自分の解釈が間違っていて、相手から話が通じない人だと思われたらどうしよう」と考えて確認を怠る人がいますが、むしろ、ここでわかったフリをして確認しないことのほうが問題です。

後日、相手と擦《す》り合わせをするほうが、余計な手間となるので、要領のいい人は、必ずその場で確認します。

ともあれ、聞き方を磨くことで、良好な関係を築くことが容易になり、小さな疑問や質問もしやすくなります。

相手も遠慮なく要望を伝えやすくなるため、有益な関係が形成されます。

Point

相手のニーズを知るために、聞くことに徹しよう

3.7 「小さな承認」で、確認しながら進めよう

手戻りが多くて今の仕事に集中できない！　そんな方は、作業の早い段階で、上司や取引先に確認作業をしましょう。「小さなジャブ」を打ち続けることで、最終的には、手戻りなく一発で承認してもらえます。

◉「期待値」を調整していますか？

上司やクライアントに、成果物を提出した後、「なんか違う、これじゃない……、もう少しなんとかならない？」と言われた経験はないでしょうか？

これは、上司やクライアントがあなたに望む「期待値」にズレが生じた証拠です。

この期待値を調整しないと、相手の信頼を失うことになります。

期待値とは、相手（上司やクライアント）が自分に求めるアウトプットの質のことです。この質の合意形成をとっておく（期待値を調整しておく）ことは、手戻りなく効率的に仕事をしていくうえで、非常に重要です。

これができていないと、効率的に仕事が進まず、努力が無駄になってしまいます。

そして、冒頭のように相手にガッカリされるだけならばまだマシですが、最悪の場合、上司の評価は下がり、仕事の依頼も減る可能性もあります。

では、どうやって相手の期待値を調整できるのか？

まずは、相手の期待値を正しく理解することです。

3・6で解説した相手のニーズとズレたところでがんばっていないか、確認する必要があります。

仕事を依頼される際、明確で詳細な指示を受けることが理想的ですが、実際にはアバウトな指示も少なくありません。すべての依頼主が、ゴールまでの全体像を描けているわけではないのです。

それなのに、やり直しを命じられるのはたまったものではありませんが、手戻りを防ぐ手立てがあります。

それは、仕事を進める早い段階から、相手に方向性やアウトプットのイメージを確認しておくことです。

ボクシングでいうところのジャブ（軽いパンチ）を打って様子をうかがうイメージですね。

まず、依頼された時点で、言質《げんち》を取っておくために、相手の説明や指示はメモしておきましょう。

そして、その指示に従って仕事を始め、作業の初期段階で「この方法で進めていますが、これでいいですか？」「このペースで進めても問題ないですか？」といった確認をしてください。

実際に、作業を進める過程で新たな疑問や不安が出てくることはよくあります。そのたびに、軌道修正を迅速《じんそく》に行うことができるからです。

たとえば、私は本を執筆する際、サンプルの原稿を編集者に提出します。これは、方向性や文体が想定読者に適しているかを編集者に確認するためです。

その後も、完成度が70～80点程度の原稿を提出し、編集者からの率直なフィードバックを求めます。

私が考える100点と編集者が考える100点は異なるためです。

こうした「小さな承認」を重ねておけば、ほとんど書き直しは生じません。

多くの人がそうだと思いますが、かけた努力が報われず、一からやり直すことほど心が折れそうになる辛い体験はありません……。

私はこうした手戻りを防ぐために、何度も確認作業をするのです。

格式高いレストランでワインを注文する際には、初めに少量だけ試してみて、好みと合わなければ別のものに変更する「ホストテイスティング」があります。

この手法は、仕事においても有効なのです。

◉進捗の報告で、相手に安心してもらおう

また、忙しい上司やクライアントの都合を考慮しながら、適切なタイミングで進捗報告を行うことも大切です。あなたのこまかな報告は、相手が次の段階の指示を具体的に

考える助けとなるからです。

それに、相手に安心感を与える効果もあります。

たとえば、上司や依頼主としては、新人やはじめての発注先がちゃんと頼んだ通りに取り組んでくれているかどうか、非常に気になるところです。

しかし、何度も「進捗どうですか？」と確認するのも、マイクロマネジメントのようで気が引けますし、それが部下ではなく取引先となればなおさらです。

そこで、適切な頻度とタイミングで報告がもらえると、非常に安心できます。

仕事の進行がスムーズになるため、お互いに仕事がしやすく、「次も依頼しよう」という依頼主との信頼関係を築くことができます。


ただし、いつも納得のいくクオリティが出せる時間をもらえるわけではありません。

時には、クオリティよりも迅速さが求められることもあるでしょう。

丁寧に資料を作成することが、時には正解ではなく、自己満足になってしまうこともあるのです。

さまざまな人によって「丁寧さ」のイメージは異なりますが、どこまで丁寧に作業するかは、上司や取引先が決めることです。

そのため、「このくらいのクオリティで、今日中に終わりますが、それで大丈夫ですか？」と質と納期をこまかく確認することが重要です。

この、早い段階で「こんな感じで進めていいですか」と確認を取り、作業の途中でも進捗状況を確認するアプローチにより、少なくとも無駄な努力を避けられます。

繰り返しになりますが、信頼を勝ち取る仕事をするためには、相手の期待や要求を正確に把握することが重要です。

正解は依頼主のなかにあり、自分の解釈が必ずしも相手の期待に合致するとは限りません。ですが、期待値を上回る結果を出せれば、信頼と評価を勝ち取ることが可能になるでしょう。

Point

要領のいい人は、小さな承認を重ねる

第4章

煩わされない「人間関係」の心得

4.1 他人に期待しないから、振り回されない

私たちが、頭を抱え、多くの労力が割かれるのは「人間関係」の調整です。面倒くさいことこのうえないですが、仲間や友人がいなければ仕事もプライベートも充実しないのもまた事実。要領のいい人は、どんな人間関係を心掛けているのでしょうか？

⦿「見返りを求める心」の正体

私たちは多くの人との関わり合いのなかで仕事や生活をしています。その分、嬉しいこともあれば、悲しくなる出来事も少なくありません。

なかには、怒りを感じたり、失望することもあるでしょう。

そうした感情は、たいてい「他人への期待」から生じます。

「部下が思い通りに動いてくれない」

「これだけやってあげたのに、報われない」

自分が働きかけた相手から、私たちは、しばしば行動に対する見返りを期待してしまいます。

その見返りが得られないから、怒りや失望といった感情が生まれるのです。


この見返りの正体とは、あなた自身の「満足感」です。


「部下に期待通りに動いてもらうことで、自分の有能感を味わいたい」

「『ありがとう』と言ってもらって、自分が役に立っていると思いたかった」

つまり、この行為は相手のためだけではないのです。

すると、感謝やお返しがない場合、後悔や怒りといったネガティブな感情にとらわれてしまうのです。


なお、「見返りを求めてしまう心」は、人として当然の気持ちです。

ただ、この感情が行きすぎると、人間関係を「損か得か」で判断するようになるため、誰かに期待しすぎてしまうのも、考えものでしょう。

⦿「好きでやっている」くらいが、丁度いい

他人の反応に振り回されずに生きるためには、「自分の行動と、他人がそれをどう受け取るか」を分けて考えることが大切です。

自分が他人に働きかけた行動は、それ自体に価値があり、素晴らしいものです。

しかし、その行動が他人にどう影響するかは別の問題なのです。

お笑い芸人の明石家さんま氏は、次のように言っています。

「好きだからやってるだけよ、で終わっといたほうがええね。これが報われるんだと思うとよくない。こんだけ努力してるのに何でってなると腹が立つやろ。人は見返り求めるとろくなことないからね。見返りなしでできる人が一番素敵な人やね」

この言葉には、深い真理が込められています。

「好きだからやっているだけ」という姿勢でいると、相手の反応に振り回されることが

ないからです。

このような考え方は、要領のいい人に多く見られる傾向です。

人間関係においては、自分の行動が報われるかどうかを重視していないのです。

彼らは自分の心が向かうまま、自分がいいと思うことを行うので、実にあっさりしています。

だからこそ、後から評価や成功がついてくるのでしょう。誰かにやってあげた行為に裏表がなく、自然体だからです。

失望は、望みがあるからこそ生まれます。

この事実を客観的に捉えると、軽くネガティブになることはあっても、以前よりも他人に対して穏やかな心持ちになれるのではないでしょうか。

Point

要領のいい人は、他人に見返りを求めない

4.2 「論理的な正しさ」より「感情的な正しさ」

プロジェクトに人を巻き込み、一緒に何かを成し遂げることは本当に難しい。それでも、「たった一言」で人を動かせる人がいます。こうした人たちは、日頃からどんなふうに人間関係を構築しているのでしょうか？

⊙正論で、人は動かない

要領のいい人は、周囲を巻き込むことに長けています。

一人では達成できない目標も、他人の力をうまく活用することで、成し遂げることができるのです。

なぜ、周りの人は協力してくれるのでしょうか。

それは、人の心の機微《きび》を理解し、それに基づいてアプローチするからです。

人間関係のダイナミクスを理解しているからこそ、人を動かすことができます。

論理的な説得だけで、人は動きません。

なかでも特に大切なのは、「人は正論だけでは動かない」という事実です。

なぜなら、人間は感情の生き物だからです。

論理と感情がぶつかったとき、多くの場合、感情が勝《まさ》ります。私たちはロボットではないので、常に論理的な選択をするわけではありません。たとえ頭では理解していても、心が納得しなければ行動に移すことはできないのです。

論理的には正しいとしても、それが「感情的には正しくない」と感じることはよくあります。

ですから、要領のいい人は正論を振りかざすことはしないのです。

⦿「相手にとっての正しい」を尊重しよう

よく、「なぜこんなことをしたのか。おかしいでしょう」と相手に詰問《きつもん》する人がいます。しかし、そんなことをしても誰も得しないでしょう。理詰めで相手を追い込む「ロジック・ハラスメント」と受け取られかねませんし、詰問された相手は、「この人は私の気持ちをまったく理解してくれていない。聞こうともしてくれない」と感じ、反発するでしょう。

私もかつて、正しいことにとらわれて、自分の意見を他人に押しつけていた時期がありました。

しかし、今振り返ると、そのときは人を引っ張ることができていませんでした。

本当に人を動かすには、「相手にとっての正しさ」を理解しなくてはいけません。

そのためには、一方的に伝えるのではなく、相手の意見を聞かなければなりません。

たとえば、「こんなことを考えているんだけど、君はどう思う？」といった形で、意見を求めるのは、１つの手です。

このとき、相手の意見が正しいか、正しくないかは問題ではありません。

仮に、正しくなくても「なるほど、君はそう思うんだね」と認めてあげてください。

オウム返しでも構いません。

大切なのは、「この人には、自分の意見を言っても大丈夫なんだ」と思ってもらう信

頼関係を築くことです。

人は、自分の話に耳を傾け、興味を持ってくれる人に好意を抱きます。

当然ですが、自分が相手に何かを伝えたいときだけ、このように話しかけるのではなく、日頃からコミュニケーションの機会を積極的に増やすことが肝要《かんよう》です。

いきなり意見を求めても、本当のことを知りたいときに、誰も本音を話してくれなかったり、本当に助けてもらいたいときに、誰も助言をくれません。

相手の意見や感情を理解しようとすることで、「正しさ」だけでは見えてこなかった景色が見えてきます。

相手の立場や正しさを尊重し、日頃から信頼関係構築に努めることで、仲間と一緒に目的を達成しましょう。

Point

正しいと感じなくても相手の意見を1回受け入れてみよう

4.3

「迅速な謝罪」の価値を知っていますか？

さまざまな価値観を持った人々が一緒に活動するなかで、すれ違いや勘違い、過ちが生じることは自然なことです。そんなとき、素直に謝ることができれば、人間関係を円滑にできます。

⊙要領のいい人は、つまらないプライドにこだわらない

要領のいい人は、自分に非があれば1秒で謝ります。間違いに気づいた時点で、迅速に謝罪することで、トラブルを初期消火するのです。

謝り方もスマートです。言い訳はしません。**問題を他人や何かのせいにすることで、その瞬間に自分の評価を下げることを知っているからです。**

余計な言い訳はせず、「自分には何ができたか、何をすべきだったのか」に焦点を当

て、反省の弁を述べます。

これで、自分の好印象を保つことができるのです。

しかし、「謝ったら負け」とばかりに、どうしても頭を下げられない人がいます。謝罪を先延ばしにすると、問題はさらに複雑化し、解決が難しくなるばかりか、人間関係にも悪影響を及ぼすのは、言わずもがなでしょう。

そのため、過ちを認める勇気を持ち、適切なタイミングで謝ることは、ビジネスシーンで重要なスキルの1つと言えます。

もちろん、好きで謝る人などいないでしょう。謝罪した途端、居丈高《いたけだか》にマウントを取ってくる人もいます。

イラっとするところですが、要領のいい人はつまらないプライドにこだわりません。自分のプライドよりも相手の顔を立てることを優先するからです。

どうしても、頭を下げるのがイヤな人は、1つ「相手に花を持たせてあげた」と考えてみてはいかがでしょうか。

⦿謝罪は、信頼関係を築くチャンスとなり得る

謝罪は誰にとってもイヤなものですが、要領のいい人はそこで発想を変えます。**謝罪を恥や失敗として捉えるのではなく、信頼を再構築し、関係をより強固にする手段と捉えるのです。**

過ちから学び、その経験を次に活かす方法を模索する姿勢を示すことにより、個人としてもプロフェッショナルとしても成長を遂げる姿を印象づけます。

謝罪は、過ちを認める行為を超えた「人としての器」を測る意味を持つのです。それは、自分自身がどのように改善し、成長していけるかを常に考える姿勢を相手に示すものであり、問題解決に向けて建設的なステップを踏む意志があることが伝わります。

実際に、他人や環境のせいにすると、そこで思考が止まり、成長の機会を逃してしまいます。しかし、起こったことを自分の責任として受け止めることができれば、不思議と心が軽くなるものです。

実際に、成功している人たちは、謝罪をすることで自身の誠実さと責任感を示し、信頼関係を築きます。

謝罪は単に過ちを認める行為以上のものであり、相手に対する敬意と、問題を解決して前に進むための意志を示すものでもあるのです。

Point

謝罪でチャンスをつくりだそう

4.4 「どうしようもないこと」は、あきらめよう

他部署が協力的でなかったり、子どもが言うことを聞かないことがある。そんな、人間関係で「思い通りにいかないこと」に腹を立てがちですが、ある考え方をすれば、心がラクになります。

⦿「自分ができること」に集中する

毎日の生活のなかで、さまざまな出来事に直面します。もちろん、常にポジティブなことが起こるのが理想ですが、現実はそう簡単ではありません。

たとえば、予期しない困難に直面したり、計画がうまく進まなかったりすることもあります。これらの想定外の出来事は、しばしばストレスや怒りを引き起こし、私たちの心理的な平穏を乱します。

どれだけそういうことを避けようと思っても、そう簡単にはいきませんよね。

しかし、要領のいい人は状況に振り回されません。それはメンタルが強いわけではなく、物事の捉え方によるものです。

楽しみにしている運動会が近づいてきても、残念ながら私たちは天気をコントロールすることはできません。

また、他人が本心で話しているかどうかを確かめたり、それを操作することも不可能です。そんなことを試みても、それは結局のところ無駄な努力になります。

自然や他人の心など自分ではコントロールできないものは手放し、受け入れるほうが賢明です。

自分の態度や言動、日常の習慣や言葉遣いは、意識次第で変えられます。

私たちは、自身の行動を通じて他人に影響を与えることはできますが、他人をコントロールすることはできないし、逆に他人にコントロールされるのは望ましくありません。

たとえば、応援するチームが勝つように声援を送ることはできます。しかし、実際の試合の結果や選手の気持ちを操作することはできません。

重要なのは、私たちができることに焦点を合わせ、自分の影響力を肯定的な方法で使用することです。

高校生の頃、私はスティーブン・R・コヴィー博士の著書『7つの習慣』（キングベアー出版）に出合いました。

この本を読んだことがある人も多いのではないでしょうか。

そのなかで私が学んだ重要な教訓の1つは、人生には「コントロールできるもの」と「コントロールできないもの」が存在するということでした。

それまでの私は、「なんでこのようなことが起こるのだろう」と思ってストレスを感じたり、「あの人がもっと協力的だったら、もっといい結果が得られたのに」とヤキモキしたりすることが多かったのです。

しかし、『7つの習慣』を読むことで、コントロールできることに自分のエネルギーを集中すべきであり、他人や外部の状況に囚《とら》われてはならないことを学びました。

コヴィー博士は、私たちの態度や行動は自分でコントロール可能であり、それが私たちの経験や成果に直接的な影響を与えると述べています。

他人の行動や外的環境はコントロールできないことを受け入れ、自分がコントロールできる範囲内で最善を尽くすことが、効果的な人生を送る鍵だと気づいたのです。

⦿「自分と相手の問題」を分けて考える

仕事をしていると、時に「あの人はなぜやる気がないのだろう」「どうしてこれが理解できないのか」と感じることがあります。

しかし、そういった不満をブツブツと言っても、何も変わりません。

他人にイライラしても、時間の無駄であり、ストレスを感じるだけで何も建設的な結果は生まれません。

重要なのは、チームとしてのルールを設定したり、みんなが同じ方向を向くように働きかけたり、環境を整えたりすることです。

チームをよくするために、自分にできることを考え、主体的な行動を取り続けることが必要です。

自分がコントロールできないことについて悩むことは自然ですが、重要なのは「自分に何ができるか」に焦点を合わせることです。

コントロールできないことはすぐに手放しましょう。

たとえば、「あの人をリーダーに育てたい」と思っても、その人にその気がなければ、心を操作することはできません。

それは相手の資質の問題であり、あなたの責任ではありません。

自分の問題と相手の問題は、分けて考える必要があります。

自分がコントロールできることは意外と少ないかもしれませんが、その限られた範囲にエネルギーを集中させることが、最も効果的です。

変えられないことに時間を費やすのは無駄ですから、努力が報われることはほとんどありません。

自分にできることにフォーカスし、行動することで、状況は変わるかもしれませんし、変わらないかもしれません。

結果はコントロールできませんが、そこから学ぶことはたくさんあります。

よりよい人生を送りたいと願うならば、まずは「自分の努力でなんとかできること」と「そうでないこと」を明確に見極めることから始めましょう。

Point

他人はコントロールできない。自分にできることにフォーカスしよう

4.5 変わらない人の行動を「変える仕組み」

いくら注意してもミスが直らない、ギリギリまで仕事に手をつけない……。人は指摘するだけでは変わりません。しかし、それは自分自身もそうです。無理やり気持ちを動かして行動するよりも、「仕組み」を見直して、相手も自分も動かしませんか？

⊙「声かけ」だけで、人は変わらない

人間である以上、ミスはつきものです。間違いを犯します。そしてまた、仕事にはミスやトラブルがつきものです。どれだけ注意深く作業しても、思ってもいないところに間違いが見つかったりします。

今はうまくいっているプロジェクトでも、どこかでミスが生じることもあるでしょう。

自分に落ち度がなくても、何かのトラブルに巻き込まれて、結果的に周囲に迷惑をかけることだってあるかもしれません。

こうしたときに、「絶対に失敗しないように」「ミスをなくせ」と部下を叱責する人がいます。残念ながら、これでは失敗やトラブルが起きる確率をゼロにはできません。ミスをなくせと言われても、行動は変わらないからです。

これは何も仕事の話だけではなく、子育ても同じでしょう。

「ほら、またやった！」「なんで何回も同じことを言わないとわからないの！」と子どもを叱りたくなる気持ちはとてもよくわかります。

ママもパパも忙しい。ですが、それだけで、子どもは変わりません。

仕事も子育ても状況を好転させたいならば、叱るだけでは意味がありません。それよりも、「仕組み」を見直すことが大切でしょう。

たとえば、家に帰ったら手を洗いなさいと言っても洗わない。

それなら手洗いスタンプカードをつくってみたり、ハンドソープのポンプを子どもが喜ぶものにしたりと工夫はできるはずです。

私の場合、子どもが夏休みの宿題をやりたがらなかったとき、宿題を全部整理して、すべてを30分以内に終わるように細切れにし、付箋1つひとつに日付けを書き込みました。ワークなども含めて、すべてです。

付箋を画用紙に貼って「やることリスト」を見える化したのです。そして簡単そうなものからこなしてみるように促しました。

そして完了した付箋は「やったことリスト」の画用紙に貼っていくようにしました。こなせばこなすほど「やることリスト」の付箋が減り、「やったことリスト」の付箋が増えていくのです。

次第に、子どもたちは「やったことリスト」の付箋が増えていくのが楽しくなったようです。宿題をやっつけていく感覚を見える化することで、宿題自体は楽しくなくても、やっつけている感覚が楽しくなる。

やりたくないことを楽しむのではなく、タスクを片づけている感覚を楽しむ、というふうに動機をすり替えたのです。

「やったほうがいいこと」や「やらなくてはいけないこと」がある理屈はわかっていても、面倒くさいものは面倒くさいのです。

それは、大人も子どもも変わりません。

ならば、楽しくなる仕組みを考えてみるのも1つの手段です。

要領のいい人は、仕組みで自分やチームを動かそうとします。

もちろん、最初からうまくいくとは限りません。トライ&エラーを繰り返しながら、自分や組織に最適な「仕組み」を見つけるのがいいでしょう。

問題が生じたり、仕事が効率よくいかないようだったら、それは、「仕組み」自体にまだ改善の余地があるということです。

ですから、自分のことはもちろん、チームや会社がうまくいっていないと感じたら、まずは仕組みを見直し、改善していきましょう。

Point

人ではなく、仕組みを変えよう

第5章

2割に集中し、8割さばく「仕事術」

5.1 「リサイクル」で、無駄な努力を減らす

要領のいい人は、何も考えずに目の前の仕事や活動に取り組むことはありません。「リサイクル（再利用）できる資源はないか？」という発想から始まります。「8割の仕事」をサクっと終わらせる方法を見ていきましょう。

◉「凝り性」の目を覚ます、魔法の言葉

要領のいい人は、仕事を効率的にこなすことを重視しています。

彼らにとって、仕事をすること自体は目的ではなく手段。

極論を言えば、最小限の努力で最大限の成果を出すことが理想です。

この考え方は、無駄を省き、効率的な方法で目標を達成することに焦点を当てています。

なんでも闇雲にやるのではなく、手抜きするところは手抜きをする。

それは単にサボってラクをするためではありません。

勝負どころで力をしっかりと発揮するためには、あまり重要ではないところでエネルギーを消耗してはいけない。

要領のいい人は、「力の入れどころ」と「抜きどころ」を絶妙にうまくコントロールしているのです。

たとえば、資料作成を考えてみましょう。

定期的に繰り返し行う定例会の資料などは、過去に作成した資料があれば、それを基に更新や改善を加えることで、無駄な手間を省くことができます。

重要なのは、必要な部分だけを更新し、効率良く作業を進めることです。

これにより、毎回ゼロから資料を作成するよりも、はるかに少ない時間とエネルギーで作業を完了させることができます。

私は、講演会や大学で講義をすることがしばしばあって、それに向けた資料の準備をします。正解がありませんから、つい「あしたほうがいいかもしれない」「こうしたほうが、もっとわかりやすいかも」など凝《こ》ってしまうのですが、これによってすごく時間が取られてしまっていることに気づきます。

凝り性の人は、どうしても、考えてもきりがない仕事をしてドツボにハマったり、磨けば磨くほど光る仕事に集中しがちです。

そこが「力の入れどころ」と自分で意識して仕事をしているのなら構いませんが、もしそうではなく、他の仕事に支障をきたしているとしたら、自分に次の質問をしてみてください。

「本当にそれをしなければ、この仕事は成立しないのか？」

そうすれば、「前回の講演はこの資料でとてもうまくいったから、わざわざ変えなくてもよい」などと、考えることができます。

何もしなくても問題ないならば、何もしない。

そのうえで、自分でリミットを決めておく。

それによって本来時間をかけるべきタスクに時間をかけることができます。

◉「パターンとテンプレ」をフル活用しよう

パターン化やテンプレート化も、効率を上げるのに役立ちます。

一度効果的なフォーマットを作成しておけば、その後は内容を更新するだけで済むため、資料作成に要する時間と労力を大幅に削減できます。

このように、既存の資源を最大限活用することは、資料作成だけでなく、多くの仕事の場面においても有効な戦略と言えるでしょう。

仕事でのメール作成においては、特定のフレーズや文面が繰り返し使用されることが多いため、これらをパターン化し、効率化することは非常に有効な手段です。

日本語や英語にかかわらず、挨拶文や締めの文、よく使う表現をテンプレートとして保存しておくことで、メールの作成時間を大幅に短縮することができます。

ユーザー辞書に常套句《じょうとう》を登録するアプローチは、特に定型文を頻繁に使う場合に便利です。

「い」と入力するだけで「いつもお世話になっております」などのフレーズを即座に挿入できるのは、時間の節約だけでなく、タイピングによる疲労の軽減にもつながります。

英語のメールにおいても同様に、“Thank you for your email,” “Looking forward to your reply,"などの一般的なフレーズを登録しておくことは効果的です。これにより、英語でも素早く、かつ正確に応答することが可能になります。

このように、定型的なものをあらかじめ準備し、必要に応じて迅速にアクセスできるようにすることは、忙しいビジネス環境において特に価値があります。

効率的なツールや方法を活用することで、仕事の生産性を向上させ、より重要なタスクに集中する時間を確保することができます。

仕事をすることが大切なのではありません。価値を生み出すことが大切なのです。まずは、仕事を減らす努力から始めてみましょう。

Point

今の仕事で使える資源はないか、洗い出してみよう

5.2 やる気が出ない日に使う「2つのメンタルハック」

何をやるにしても、どうしても気分が乗らない。そんな日は誰にでもあるかと思います。そんなときでも、一定の成果を出すいい方法があります。それが、「作業興奮」と「目標勾配《こうばい》効果」です。

⦿やる気は、後からついてくる

朝に難しい仕事を片づけるべきか、簡単なものから始めるべきか――。仕事の進め方には、多様な意見が存在します。

要領のいい人は、「自分の調子」に応じて、それぞれの方法を使い分けています。人は生き物であり、体調や心の状態が資本です。

調子がいいときは、カラダも心も軽やかになり、さまざまなことに積極的に取り組めます。しかし、常に調子がいいわけではありません。

朝起きたときから気力が満ちている日は、難しいタスクから手をつけることにも意欲的で、それをクリアすることで後の仕事に勢いが生まれます。

一方で、前日にイヤなことがあったり、疲れが溜まっていたりすると、朝から「動きたくない」と感じる日もあるでしょう。

調子が悪い日にいきなり大きな仕事に取り組もうとすると、心理的なハードルが高くなり、結局は進展しないことがあります。

しかし、やる気が出ないときこそ、小さな行動を起こすことで、やる気が後からついてくることもあるのです。

たとえば、気分が乗っているときは、忙しくてもスポーツジムに行けますが、気分が乗らないときは外出することさえ億劫《おっくう》になります。

そうしたときは、無理にジムに行こうとするのではなく、まずは外に出るきっかけからつくるのです。

とりあえず外に出れば、ジムに行くことへの心理的ハードルは自然と下がります。

これは、心理学でいうところの「作業興奮」と呼ばれるものです。心理的なハードルの低いものを少しこなすことで、やる気が後からついてくるというものです。

心理学者エミール・クレペリンが提唱した「作業興奮」という現象によれば、人は何か作業を始めるとやる気が出て、その作業を継続しやすくなります。

よく「やる気が出ないから仕事に手がつけられない」と言われますが、実際にはやる気は行動を起こすことで生じるものです。

つまり、「やる気があるから行動に移す」のではなく、「行動に移すからやる気が出る」というわけです。

◉徐々にハードルを上げる「目標勾配効果」

私自身も「作業興奮」の原理を日常に取り入れています。

たとえば、大学での講義では50人の学生から課題の英文レポートが届き、添削をして返却をしますが、これはなかなかの量です。

1つ10分と考えても50人分で500分、8時間を超える仕事量になることを考えると少し気が遠くなります。

しかし、全部をざっと見て、手を加える必要が少ない、要は最も簡単に添削できるレポートから手をつけると、気分が乗って作業が進みやすくなります。


また、「目標勾配効果」も活用しています。


心理学者クラーク・ハルによると、目標に近づくにつれて行動が加速し、効率性が上がります。実験では、コーヒーショップでスタンプカードを配ったところ、目標に近づくにつれて顧客の来店頻度が増加しました。

私もこれを応用し、レポート添削の仕事では、添削済みのレポートを「添削済みフォルダー」に移すことで進捗を可視化し、目標に近づく実感を大切にしています。

最も容量が小さいレポートから添削を始めることで、最初は短時間で多くのレポートを添削し、仕事が進んでいる実感を得ることができます。

「作業興奮」と「目標勾配効果」の両方を活用することで、効率的にタスクを進めることが可能になります。

この方法により、最初に楽な仕事から始めることでやる気を起こし、その後、より困難な仕事にも取り組むことができるようになります。

また、達成感が得られることも、さらなるやる気を引き出します。

このように、小さなタスクから始めることで「作業興奮」を引き起こし、目標に近づくにつれてやる気を高める「目標勾配効果」を利用することで、大きな仕事も効率的にこなすことが可能です。

調子が上がらなかったり、仕事量に圧倒されたりしているときは、ぜひラクに進められるものからこなしてみてください。やる気は後からついてきます。

Point

小さな仕事から始めて、少しずつハードルを上げていこう

5.3 コンディションを整える「脳を最適化する方法」

あっちからも、こっちからも連絡が来て、目の前の仕事に集中できないことがよくあります。これは、生産性を下げる脳の大敵です。では、どうすれば、この強大な敵を避けることができるのでしょうか？

◉「ワーキングメモリ」を温存しよう

ＳＮＳやビジネスチャットなどでの連絡が増えましたね。ライトなコミュニケーションが増え、応答のテンポが上がった一方で、返信しなければならない回数が増えました。そのたびに仕事が中断され、集中して仕事ができないと悩まれる方は多いでしょう。それに加えて、この人手不足です。放っていてもやらなければいけないタスクは、無尽《むじん》蔵《ぞう》に増えていきます。

「これもしなければ、あれもしなければ」、現代人の脳は落ち着きがありません。
脳は常に軽くパニック状態です。
これでは、脳のパフォーマンスが低下してしまいます。

脳内のワーキングメモリに過剰な負荷がかかっているからです。

ワーキングメモリとは、「脳のメモ帳」とも呼ばれ、必要な情報を一時的に保存する（短期記憶）機能です。ここがいっぱいになると、脳のリソースは短期記憶に割かれてしまい、集中して何かを考えたり、作業することができなくなるのです。

よく、パソコンやスマホで多くのアプリを同時に開いていると、処理速度が低下し、動作が重くなることがありますよね。あれと同じ状態です。

この状態では、やらなければならないことを進める余裕がありません。

その結果、どの作業も中途半端になって生産性が落ちてしまうのです。

書類をつくりながら、「あ、あれもやらなきゃな」と別の作業も始めてしまって、「なんだか、今日は効率が悪いな」と思った経験がある人は少なくないはずです。

ワーキングメモリを温存しなければ、効率は下がってしまう。しかし、現代のように、情報が溢れ、いつも誰かから連絡が来る時代に、どうすればよいのでしょう。

◉脳に余裕をつくる「やることリスト」

要領のいい人は、頭のなかをできるだけ「空」にすることで脳への負荷を減らします。

集中が必要な作業の場合、そのための「スペース」を脳内につくるのです。必要なことにエネルギーを集中させ、効率的に取り組む脳の余裕を生み出します。

では、具体的にどうするのでしょうか？

私の場合、「やることリスト」を活用しています。常にメモとペンを携帯していて、やることが増えたときや、「やらなきゃ！」と思ったことが出てきた瞬間に、書き出すようにしています。

書き出したら「忘れていい」からです。書き出すことで、「これをやらなきゃ！」と覚えておく必要がないため、目の前の仕事に集中できます。

目の前の仕事が終わり、やることリストを見れば、タスクを思い出せます。

頭に浮かんだことは、どんどん書き出しましょう。落書きのように、きれいな文章や図にこだわらずに、浮かんだことを書き留めるだけで、頭がスッキリと整理されていきます。感じたことや考えていることを書き出すことで、自分の思考を客観的に見ることができ、混乱を整理する手助けになります。

また、物事を整理することで新しいアイデアも生まれるでしょう。

これは副次的な効果かもしれませんが、書き出したタスクを1つずつ消化していくのは気持ちのいいものです。自分が今日何を成し遂げたのかを客観的に評価することができるので、満足感が得られ、自信につながります。

これにより、自分自身の努力と成果を正しく評価し、モチベーションの向上にもつながります。

Point

「やることリスト」をつくって、ワーキングメモリを節約しよう

5.4 余計な情報は、「フィルタリング」する

スマートフォンは、便利な道具である反面、私たちの集中力を奪うやっかいな存在です。生産性を下げる「時間泥棒」と言えるかもしれません。そんなスマートフォンに振り回されないためには、どうすればいいのでしょうか？

⦿ゾーンを邪魔するスマートフォン

「ゾーンに入る」という言葉があります。

ゾーンとは、1つの作業に非常に集中し、周囲の環境や時間の経過を忘れるほどの状態を指します。スポーツの分野で有名な言葉ですが、聞いたことがある人も少なくないでしょう。

この状態では、人は自分の能力を最大限に引き出し、高い生産性や創造性を発揮する

ことができます。要領のいい人は、この「ゾーン」に入るために、集中を邪魔されない環境をつくる努力をします。

この集中力を妨げる、大きな敵がスマートフォンです。

スマートフォンは便利な存在です。仕事のメールやSNSのチェックを簡単にでき、暇つぶしにも最適です。**しかし、同時に時間を奪う「時間泥棒」にもなり得ます。**

集中して作業を始めようとすると、スマートフォンから通知が届くことがあります。たとえば、「SNSで○○さんがコメントしました」とか「新着メッセージがあります」といった通知です。

これが気になって、ついスマートフォンをチェックしてしまいます。

すると、気がつくと関係のない内容も閲覧し、他人の投稿にコメントしてしまっていることも。ニュースアプリからの速報やおすすめニュースも同様で、一度アプリを開ければ、情報はエンドレスで続きます。

気づいたときにはかなりの時間が経過し、作業が進んでいないことに「またやってしまった」と感じることがあります。

スマートフォン対策の1つとして、通知をオフにしておくことが挙げられます。

私はＬＩＮＥを仕事の連絡手段として使用しているため、通知を完全にオフにすることはできません。

しかし、重要な人からの通知のみオンにし、それ以外はオフに設定しています。特に、無関係なグループＬＩＮＥの通知は常にオフにしています。

心理学では一般に、集中している状態が途切れると脳が再び集中するまでに15分以上かかることが知られています。

これは、作業に深刻な影響を及ぼします。原稿を書いたり、書類を作成しているときは、スマートフォンを音が鳴らないように設定し、目の届かないところに置きます。

電話の着信があると、「何だろう」と気になり、集中できなくなるためです。

要領のいい人は、自分の時間に対してシビアな考えを持ち、時間の主導権を常に握ろうとします。

スマートフォンの通知に振り回されていると、「やるべきこと」や「やりたいこと」ができなくなります。そのため、通知は必要最低限しかオンにしないことが重要です。それ以外には、指定の時間にチェックすることもできます。一定時間ごとにスマートフォンをチェックすることで、その間は集中して作業できます。

それでもスマートフォンに集中力を持っていかれる人は、スマートフォンを作業スペースから遠ざけるといいですね。カバンの中にしまう、別の部屋に置いておくなどの工夫が考えられるでしょう。

スマートフォンに振り回されるか、それともスマートフォンをうまく使いこなすのか。集中を削《そ》ぐものへの対策はしっかりしましょう。

Point

スマートフォンとの距離感を見誤らない

5.5 料理上手は、「マルチタスク」がうまい？

多くのビジネスパーソンは、複数のプロジェクトを抱えていて、マルチタスクが常態化しています。大量の仕事を効率よくさばいていくには、どうすればいいのでしょうか？　料理を例に解説していきましょう。

⦿相手にパスを出している間に、違う仕事をしよう

突然ですが、あなたは料理をしますか？　得意でしょうか？

しなければ恐縮ですが、パスタをつくる作業工程を一緒に想像してください。

野菜などの具材を洗って、切って、炒めてソースをつくる。ソースができたら、鍋に水を入れて、沸かして、塩を入れて麺をゆでる準備を……といった具合に作業するでし

ょうか？

いや、やらないと思います。とても要領が悪いですよね。

まずは、鍋に水を入れて温めます。水が沸騰するのを待ちながら、パスタソースに使う野菜や具材を洗って、切って、炒めるなどしてソースをつくる準備をします。

沸騰したら、ソースづくりの作業を一時中断し、パスタを鍋に投入します。パスタを茹でる間に、ソースづくりの続きに取り掛かります。

パスタが茹であがり、ソースも完成したら、パスタにソースをからませます。このタイミングで、必要に応じて味を調整したり、最終的な仕上げを行います。

このように、1つの料理でも、複数の作業を同時に進める必要があるため、効率的なタイムマネジメントと段取りが求められます。数種類の料理を食卓に並べようと思ったら、作業工程はもっと複雑になることは簡単に想像できるでしょう。

要領のいい人は、料理でも仕事でも、上手にマルチタスキングします。

特に仕事は、1人で完結しないことばかりです。

パスタを茹でている間にソースをつくるように、誰かに仕事を任せておく間に、他の仕事に集中しながら、任せた仕事の進捗を中間確認し、微調整をします。

◉「相手が受け取りやすいパス」を出していますか？

ここで大切なのは、人に仕事を依頼する際には、早めにお願いすることです。鍋は使いたいときに使えるかもしれませんが、相手にもあなたと同じように計画やスケジュールがあります。

自分が切羽詰《せっぱつ》まってから相手に依頼する人もいますが、これは今にも爆発しそうな爆弾を押しつけているようなものです。

相手にも、相手の事情がある。ビジネスで協力的な関係を築くうえで、この認識は不可欠です。

依頼を早めに行うことで、相手はその仕事をスケジュールに組み込むための十分な余裕を持つことができます。相手が自分のタスクに取り組むのに最適な状況やタイミングを考慮し、それに合わせて情報やタスクを引き渡すことが重要です。

要領の悪い人は、自分の都合しか考えずに相手に仕事を任せてしまい、相手が思うよ

うに応じてくれない、動いてくれないことにイライラしてしまいます。

サッカーなどのチームスポーツでもそうですが、上手な選手は味方がプレーしやすいタイミングでパスを出します。

下手な選手は、自分が相手に囲まれて苦しくなったときに、「えいっ、なんとかしてくれ」と味方の状態を確認もせずパスを出してしまいます。

どちらがチームとして成果を出せるかは、一目瞭然《いちもくりょうぜん》ですね。

チームメイトにいいパスを出してあげないから、自分がパスを欲しいときにパスがこないのです。

相手が仕事をしやすいタイミングで適切な情報やタスクを引き渡すことは、効果的なチームワークとプロジェクトの成功にとって重要な要素です。相手があなたの依頼内容をスケジュールに組み込みやすいように、早めにパスを出しましょう。

Point

相手の事情も考慮して、仕事をしよう

5.6 仕事を抱え込ませない「部下への任せ方」

職場に1人は、期限ギリギリになって、作業工程が半分にも達していないことを報告してくる部下がいます。余裕を持って仕事を進めてもらうためにはどうすればいいのでしょうか?

⦿早めの「中間報告」を設定しよう

経営者や管理職は、「部下に仕事を任せる不安」を乗り越える必要があります。いつまでも、部下に仕事を任せないと、部下の成長機会を制限し、結果的に組織の成長にも悪影響を及ぼすからです。

仕事を任せることによって、部下は必要なスキルと経験を積み、自己成長を遂げることができます。これはチーム全体の成長にもつながり、管理職が単独で成果を出そうとするよりもはるかに大きな成果を生み出すことにつながります。
しかし、重要性は認識していても、実行するのはなかなか難しいものです。具体的に、どうやって仕事を任せればいいのでしょうか。

まず大切なのが、仕事を任せる際、部下に業務の本質や目的を説明することです。単純なコピー取りを任せるにしても、その先には目的があります。
「この資料はクライアントとのミーティングで使用する」という目的を伝えることで、歪《ゆが》みやズレがあるとよくないことが伝わります。
一方で、社内の記録用としてコピーを取るくらいであれば、そこまで丁寧である必要はないかもしれません。

上司の立場から、任せる仕事の意味や重要性、つながりを丁寧に説明しましょう。

しかし、それでも仕事を抱え込み、ギリギリになって泣きついてくる部下はいるものです。そうした部下に手を焼いている方は多いかもしれませんが、そうした部下に有効なのは、中間報告の期限を早めに設定することです。

1週間の猶予のある仕事でも、3日後に中間報告の期限を設定する。締め切りが近くならないと人はなかなか行動できません。

部下からこまめに報告をあげてくるのが理想的ですが、部下の報告を待っていると、「任せた仕事は、どうなっているのかな」と心配になってしまいます。

これでは、目の前の仕事に集中できません。

それならば、3日後に中間報告の機会を設けましょう。

仮に、任せた仕事の出来がよくなくても、中間報告を早めに設定することで、軌道修正のフィードバックも早い段階でできます。そこで軌道修正すれば、最終期限までに間に合うので、任せるほうも気がラクです。

もう1つ大切なのは、合格点を伝えることです。

任せる仕事の目的や意義を伝えることにも関係しますが、何点くらいの完成度を求めているのかを伝えるといいでしょう。

資料づくりを任せるにしても、100点のものを求めるのか、60点くらいのたたき台をつくってもらって最後は自分で完成させるのか。

それによって、部下の仕事へのスタンスも変わります。完璧なものを求められるなら、スピードよりも慎重さを重視することになるでしょう。60点でいいなら、スピード感を持って進めやすいでしょう。

合格点を伝えることで、部下は目標に対してどの程度達成しているかを自己評価しやすくなります。

また、中間報告時に必要な軌道修正の程度を判断するのにも役立ちます。

もちろん任せられるほうの状況も把握しながら、どれくらいの期限設定が双方にとって適切なのか、コミュニケーションを取りながら調整しましょう。

部下に仕事を任せることは、一見不安を伴うかもしれませんが、これは組織の成長に不可欠なプロセスです。

Point

中間報告は、任せてから数日後に設定しよう

5.7 成果を出しやすい「勝負どころ」の見極め方

仕事でもプライベートでも、行動に移すべき「勝負どころ」が存在します。要領のいい人は、そのタイミングを見逃しません。では、それは「いつ」なのでしょう？　成果を出しやすい「絶好のチャンス」の見極め方とは？

⦿「感情が高まる瞬間」を見逃さない

「鉄は熱いうちに打て」という日本のことわざを聞いたことはあるでしょう。

「機会は逃さず、チャンスがあるときにすぐ行動すべきだ」という意味で、元々は、鍛《か》冶《じ》屋《や》が鉄を加熱して柔らかくしたときこそ成形しやすいことから来ています。

要領のいい人は、この「鉄が熱い瞬間」を見逃しません。

とはいえ、鉄が熱い瞬間とは、いったいどんなときでしょうか？

それは、「感情が高まっているとき」です。

たとえば、商談において相手からポジティブな反応が得られた際、要領のいい人は間《かん》髪《はっ》を入れずに成約に導きます。

これは「人を動かす」ときだけでなく、「自分を動かす」ときも同様です。

たとえば、新しいプロジェクトを始めるときや、ダイエットや勉強を決意したとき、多くの人は「明日から」と言いますが、本来はやる気があるときの勢いを利用し、「今すぐ」行動を起こすべきです。

翌日には気持ちが変わってしまうことも珍しくありません。

要領のいい人は、このような人間の心理を理解し、意欲が最高潮に達した瞬間に行動を起こすことで、目標達成へと確実に近づいていくのです。

もちろん、相手の反応が鈍いときや、自分でも乗り気ではないとき、強引に提案を通そうとしたり、無理に自分を鼓舞《こぶ》するようなことは絶対にしません。

このようなアプローチは、かえって相手のガードを固くしたり、自分でも「なんで始めちゃったんだろう」と後悔することすらあります。

押すべきときに攻め、引くべきときには撤退する。

この原則は、ビジネスだけでなく、プライベートの人間関係においても同様のことが言えるでしょう。

友人や恋人との関係において、相手があなたに対して好意を持っていると感じたとき、その瞬間を最大限に活かすことができます。

そうでないときは、無理せず今の状況を見守るのが吉です。

なんでもタイミングが大事です。小さな変化に目を向けてみましょう。

⊙日頃の準備が、チャンスを活かす

なお、チャンスをモノにできるのは、日頃から情報収集し、瞬時に判断を下せる人です。

チャンスを活かすためには、必要な資料を常に携帯するなど、準備を怠らないでください。

そして、チャンスが目の前に現れたとき、迷うことなく摑み取りにいきます。こうして、商談の場だけでなく、人生のあらゆる場面で成果を上げ続けるのです。

一方、要領の悪い人は、たとえ優れた機会が目の前にあっても、それを活かす準備ができていないために、成功を逃すことが多々あります。

結局のところ、相手や自分の心理、状況を敏感に読み取り、そのうえで最も適切な行動を選択する。そして、その準備を常に怠らない。

そうした能力が、あらゆる人間関係を豊かにする鍵となります。

お互いにとって有意義な結果を生み出すことができるのではないでしょうか。

Point

チャンスは攻め、そうでないときは無理しない

第6章

タイムパフォーマンス抜群の「時間術」

6.1 「朝時間」をデザインして、よいスタートダッシュを

1日の始まりである「朝時間」の使い方は重要です。使い方がよければ、その日はサクサクとタスクをこなして、充実感を持って仕事ができるでしょう。では、どんな使い方がおすすめなのでしょうか。

⊙朝の有効活用で、自己効力感を高める

朝は「脳のゴールデンタイム」とも呼ばれ、脳が最も活発に働く時間帯です。

この時間に最優先のタスクをこなすことで、1日の勢いをつけることができます。朝に仕事や家事などを効率よく進めることができれば、その日のスタートをいい気分で迎えることができるはずです。

多くの人がこの感覚を経験していることでしょう。

朝の時間帯を効果的に活用することで、自分の人生をよりよくコントロールできるという感覚を得ることができます。

この自分をコントロールできているという感覚は非常に重要で、心理学の分野では「自己効力感」と呼ばれています。

自己効力感とは、自分自身の能力を信じ、困難な状況でも自分の力で乗り越えられるという自信のことです。

自己効力感は自信の源泉であり、人が挑戦的な目標を設定し、困難に直面しても諦めずに行動を続ける力を与えます。

朝の時間を効果的に使うことで生じる「自分をコントロールしている」という感覚は、自己効力感を高め、日々の生活や職場での挑戦に積極的に取り組む姿勢を育むことに役立つのです。

⦿1日の終わりは、「翌日の始まり」

要領のいい人は、1日のスタートダッシュを前日の夜に、1週間のスタートダッシュを週末に準備すると考えています。

1日の終わりが翌日の始まり、週末は翌週の始まりであると考えているのです。

そのため、帰宅前には資料の整理や机の整頓を行い、スケジュールを俯瞰的に見ながらto doリストを作成していきます。

翌日の流れを30分単位で予定し、それを書き出すことで、翌日朝一番からスムーズに取り掛かる準備をします。この習慣により、仕事の効率は大きく向上します。

これにより、心の準備ができるため、精神的な余裕が生まれますし、翌日の仕事の流れが明確にイメージできているため、睡眠中に脳内でプロセスが整理されます。

朝一番のゴールデンタイムにタスク整理をせずに済むため、ワーキングメモリを無駄遣いしません。これにより、優先度の高いタスクに集中的に取り組み、アウトプットの質を劇的に向上させることが可能になります。

朝の時間に選択や意思決定をしなくて済むのは、脳の疲労を軽減し、大きなメリットをもたらします。

Point

1日の終わりに、翌朝の準備を済ませておこう

翌日のスケジューリングをする際に注意すべき重要な点があります。

それは、スケジュールを詰め込みすぎてパンパンにしないこと。すなわち1日のスケジュールにも必ず余白をつくることです。

かつて私は、思いつきでタスクに取り組んでいましたが、これでは締め切りの迫るタスクに追われ、長期的で重要な取り組みが後回しになる傾向がありました。

要領のいい人は朝を効果的に活用するため、徹底的に朝をデザインします。

そのためにも、翌日のスケジュールを眺めながらto doリストを作成、整理し、1日の流れをイメージしておくことが重要です。

6.2 「大人の時間割」で、タスク処理を効率的に進める

仕事に慣れて、タスク処理のスピードも上がった。でも、適切な時間帯に、適切な仕事をするだけで、もっと生産性を挙げることができます。朝・昼・夜、それぞれのタイミングに適した仕事とはなんでしょうか。

⦿適切なタイミングで、適切な仕事をしよう

タスクには大きく分けて2種類あります。

まとまった時間に集中して取り組まないといけないタスクと、細切れのスキマ時間にサクッとこなすタスクです。

たとえば、報告書の作成やプロジェクト計画の立案などは、静かで集中できる環境と、まとまった時間が必要です。

一方で、簡単なメールの返信や日々のスケジューリング、短い書類の確認などは、待ち時間や移動中などのスキマ時間にこなすことができます。これらは集中力をそれほど必要としません。

効率的に仕事を進めるには、集中を要するタスクとスキマ時間にこなせるタスクを判別し、それぞれに適した時間帯や状況を選んで取り組む必要があります。

しかし、要領の悪い人は、集中力を要する重要な作業に取り組むべき時間帯に、スキマ時間でも対応可能な簡単なタスクに時間を費やしてしまいます。

脳のゴールデンタイムである朝に、メールの返信などの簡単な作業に取り組むことで、集中力が必要なタスクに十分なエネルギーを割くことができなくなるのです。

また、夕方の疲れた時間帯に集中を要する仕事をして、思うように進まなかったり、クオリティが低くなることも、しばしばあります。

これは仕事の効率を大きく下げるだけでなく、自己評価にも影響を及ぼします。

実際は、何をするかだけでなく、いつやるかというアプローチの問題です。

ですが、仕事が進まないことに対して、自分の能力に問題があると捉えてしまい、自信を失ってしまうのです。

要領のいい人は、自分の時間とエネルギーを最大限に活用するために、タスクの性質に合わせた仕事の進め方をします。

集中力を要する作業は脳が活発な午前中に行い、昼食後の眠くなる時間帯は軽微なタスクをするか、気分転換に外に出るアポを入れる。夕方にはまた少し脳が働いてくれるので、今日中に終わらせたいことを一気にやりきる。

会議や打ち合わせは気分転換を兼ねてお昼頃、軽微なタスクは移動のスキマ時間や疲れが出てくる夕方などに行います。

これによって生産性が上がり、成果が出やすくなります。


なお、効率的な時間管理は、仕事だけでなくキャリアアップや自己啓発にも欠かせない要素です。英語の勉強や資格取得などを目指しているなら、勉強のタスクの性質を理解し、それに応じた時間の使い方をすることが重要です。

たとえば、英単語を覚える暗記作業は、必ずしも机に向かって集中しなければならないわけではありません。電車のなかやテレビを見ながらなど、スキマ時間を利用して効率的に学習することが可能です。

一方で、文章問題を解いたり、小論文やレポートを書くような作業は、集中力を要するため、まとまった時間と静かな環境で取り組む必要があります。

効率的な勉強をするためには、タスクを「思考系」と「作業系」に分け、それぞれに最適な時間を割り当てることが肝要です。

特に、集中力が必要なタスクは、人間の脳が最も集中できる時間帯に配置することが望ましいでしょう。そうしないと、仕事や勉強が思うように進まず、無力感に陥る可能性があります。

Point 仕事も勉強も「いつやるか」の戦略を立てよう

仕事でも勉強でも、まずはタスクの性質を理解し、「いつやるか」ということを明確にすることが重要です。これにより、自分のポテンシャルを最大限に引き出し、生産性を高めることができるのです。

6.3 自分の時間を先に「天引き」しておこう

仕事でもプライベートでも、責任ある立場になれば、誰かの都合を優先して、自分の時間が取れないことも多いでしょう。それは立派なことですが、でも、本当にそれだけでいいのでしょうか？

⊙「自分へのアポイントメント」を取っていますか？

要領のいい人は、自分のやりたいことを優先してスケジュールに入れます。これにより、時間の区切りが明確になり、仕事の効率が向上します。プライベートな時間を確保することは、仕事の質を高めるうえで欠かせない要素です。

日々の生活では、「やらなければいけないこと」と「やりたいこと」のバランスを取ることが大切です。

イギリスの歴史学者・政治学者シリル・ノースコート・パーキンソンが提唱した「パーキンソンの法則」によると、与えられた時間のなかで仕事が膨らむ傾向があります。「仕事の量は、完成のために与えられた時間をすべて満たすまで膨張する」のです。

つまり、多くの時間がやらなければならない仕事に占《し》められてしまい、「やりたいこと」をやる時間が犠牲となるのです。

このため、やりたいことを先にスケジュールに組み込むことが重要です。

たとえば、趣味や家族との時間などを最初に計画することで、それらを犠牲にせずに済みます。

自分の時間よりも、他人の時間を優先してはいないでしょうか。

要領のいい人は、プライベートの時間を確保しながら、仕事で成果を出します。

「忙しいから」という理由でやりたいことを後回しにするのではなく、やりたいことのために意識的に時間を確保することが大切です。

もし、「仕事が落ち着いたら」と考えていると、そのときは決して訪れません。やりたいことがあれば、まずスケジュールにそれを組み込んでしまうことが重要です。

遊びや勉強や人との出会いの予定を積極的に計画し、時間を先に「天引き」することで、やりたいことを実現することができます。

他人との約束だけでなく、自分とのアポイントメントも同じくらい大切です。

みなさんの手帳には、自分自身のための時間はきちんと確保されていますか？

また、それを守っていますか？

要領のいい人は、時間の主導権を他人に譲りません。

1年365日のうち、約1／3は睡眠、もう1／3は仕事や学校に費やされるとすると、自由に使える時間は年間約2920時間になります。

この貴重な時間を簡単に他人に譲ってしまってはいけませんし、その時間が明日を充実させる資源となります。

私自身、読書、ジム、セミナー参加、友人との会食、映画鑑賞など、自分のための時間はスケジュールに優先的に組み込んでいます。

これをスケジュール帳に記録しておかないと、意志が弱い私はつい「まあいいか」と考え、重要でない仕事を引き受けてしまうことがあります。

なお、自分自身とのアポイントメントを重視することで、仕事を効率的に終わらせる意識が高まります。時間が限られて集中力が増し、生産性が向上するのです。

逆に、時間がたっぷりあると余計なことに時間を費やし、作業に集中できないことが多くなります。

◉やりたいことをやる「仕組み」をつくろう

意志の弱い人が自分とのアポイントメントを守るためには、外部からの支援を利用することが効果的です。

たとえば、英会話レッスンは曜日と時間を固定し、読書の場合は他人に読後の報告を約束する、ジムに行く場合は目標と達成期限を公表するなど、意志に頼らない方法を取り入れることが有効です。

多忙を理由に自分の時間を犠牲にすることは簡単ですが、工夫次第で自分のための時間を作り出すことは可能です。

自分自身との約束を重要視し、プライベートな時間も有意義に活用することが、充実した生活を送るうえで重要なのです。

人生を充実させるのは、単に「やらなければならないこと」をこなすことではありません。

むしろ、「やりたいこと」に時間を割くことが、人生の満足度を高める鍵です。

自分の情熱や興味を追求することで、日々の生活に意味と喜びを見出すことができます。

仕事や日常の義務に追われがちな現代において、この丁度いいバランスを見つけることは、健康的で充実したライフスタイルを送るために不可欠です。

Point

「やりたいこと」をやる自分時間を先に予約しよう

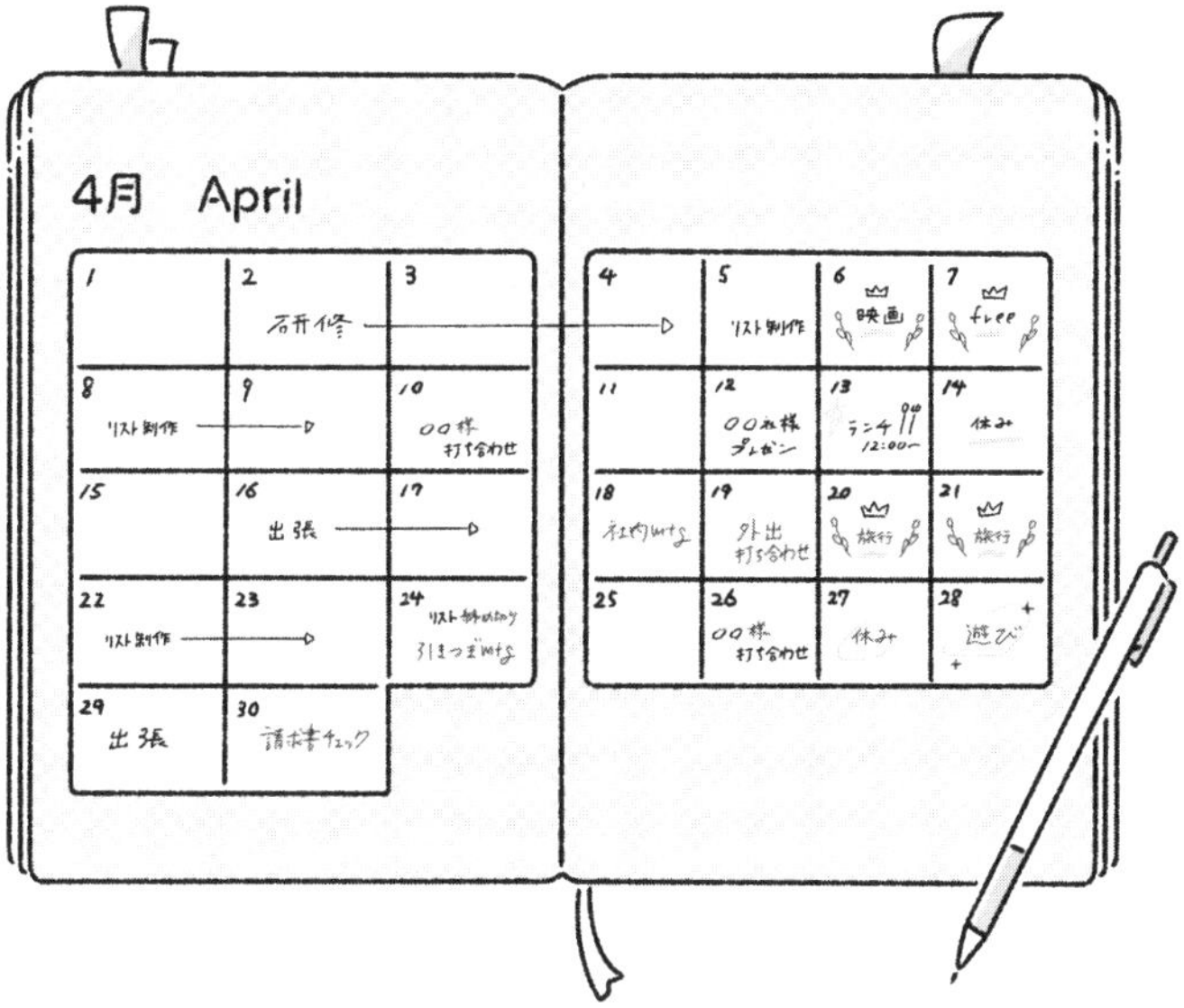
4月　April
1
2
研修
3
4
5
リスト制作
6
映画
7
free
8
リスト制作
9
10
○○様
打ち合わせ
11
12
○○社様
プレゼン
13
ランチ
12:00〜
14
休み
15
16
出張
17
18
社内mtg
19
外出
打ち合わせ
20
旅行
21
旅行
22
リスト制作
23
24
引きつぎmtg
25
26
○○様
打ち合わせ
27
休み
28
遊び
29
出張
30
請求書チェック

6.4 どんなに忙しくても、スケジュールには「余白」をつくろう

急に面白い仕事を振ってもらえたとしても、「今、忙しくて無理」と断ってしまうことはないでしょうか。それは非常にもったいないことです。目の前にやってきたチャンスを摑むためには、常にスケジュールに余白をつくっておくことをおすすめします。

⊙なぜ、要領のいい人の手帳はスカスカなのか？

要領のいい人の手帳は、スケジュールの余白が目立ちます。不用意に余計なスケジュールで埋め尽くすより、意図的にバッファ（余裕）を設けているのです。

そうすることで、予期しないチャンスや緊急事態が生じた際に、迅速に動くことができますよね。

余白は単なる「空き時間」ではなく、可能性のスペースです。

余白があることで、新たなアイデアが生まれたり、突然の機会を捉えたり、必要な休息を取ることもできます。

計画された忙しさとは異なり、余白は私たちに柔軟性と創造性をもたらします。

マーベル・メディアを立ち上げ、「スパイダーマン」や「アベンジャーズ」など、アメリカンヒーローを生んだスタン・リー氏をご存じでしょうか。

2016年に東京でのイベントのために来日した際、彼のチームが京都観光を望んでいると、ケンブリッジ時代の友人から連絡を受けました。

これは2日後に東京から京都へ移動するという、非常に急な計画でした。

世界的な巨匠のチームとつながる機会は稀《まれ》ですから、私はこの機会を逃さないよう、すべての予定を変更し、京都で彼らの1日ガイドを務めることにしました。

その時間を楽しんでもらうことができて、その結果2017年に世界最大のコミックイベントである「サンディエゴ・コミコン」へ招待されたのです。

現地でスタン・リーのチームメンバーと食事を共にし、マリンスポーツを楽しむなどしながら、今後のプロジェクトについての話し合いも進めることができました。

スタン・リー氏は2018年に亡くなりましたが、彼のチームメンバーとは今も親交が深く、さまざまなプロジェクトを進めています。

マイケル・ジャクソンの右腕として知られるトラヴィス・ペイン氏の通訳を務めた経験も、先ほどのエピソードに似ています。

その仕事は、イベントの1週間前に急遽《きゅうきょ》依頼されたものでした。

突発的なトラブルの発生によって通訳が急に必要になったということでしたが、これを引き受けられたのも、余裕があったからです。


これらの経験は、フレキシブルな対応と迅速な行動が重要であることを示しています。

予期せぬ機会は突然訪れることもあり、そうした状況に柔軟に対応できることが、新しいチャンスを摑み取るためには大切です。

チャンスは予測不可能なタイミングでやってくるものです。

そのため、スケジュールを常に埋め尽くしてしまうと、重要な機会が訪れた際に対応できなくなってしまいます。

常にスケジュールに余白を残しておくことで、心を動かすような誘いに素早く応じることが可能になります。

これにより、自分の人生において、重要度の高い物事を選別する能力が養われます。そのためには日頃から自分にとって重要なことは何かを考えることが大切です。

日常生活では、計画通りに進まないことがしばしばあります。

そのとき、スケジュールに余白がなければ、こうした予期せぬ出来事がすべてを台無しにしてしまう恐れがあります。しかし、時間にバッファを持つことで、迅速に調整が可能となり、次のアクションへの移行もスムーズになります。

忙しいことは一見カッコよく見えるかもしれませんが、それがチャンスの損失につながることもあります。そのため、常に余白を確保することが重要です。

Point

スケジュールは詰め込みすぎない

6.5 「優先度は高いが緊急ではない」仕事をやる工夫

仕事もプライベートも、優先度が高く、大切であるとはわかっていても、緊急でなければ、なかなか手をつけられない。そんな人も少なくないでしょう。でも、それでは「やらなければならないこと」ばかりする人生で終わってしまいます。

⦿締め切り間際に慌てない「お尻への火のつけ方」

多くの人が子どもの頃、夏休みの宿題を新学期が始まる直前まで手をつけず、親に急かされて最後の1日で泣きながら仕上げた経験があるでしょう。

先に紹介したパーキンソンの法則とも関連しますが、「夏休みが終わるまでに終わらせればいいい」と考えると、期限ギリギリまで先延ばししてしまうということです。

夏休みの終わりという期限が近づくと、それまで緊急でなかった宿題が急に緊急事項に変わります。期限が迫ると、タスクの緊急度が高まります。

仕事も同じですよね。

「今日中にお願いね」と言われると、退社時間ギリギリまで「もっとこうすればよいのでは」「このデザインのほうがスッキリするかも」と資料を熟考してしまいます。

期限が迫ると、「期限が来たから仕方ない」と割り切って提出することになります。

要領のいい人は、優先度と緊急度でタスクを整理しますが、優先度は高いが緊急ではないものにも期限をしっかりと設定し、緊急度を高める工夫をします。

確かに、このアプローチは「締め切り効果」として知られる心理学の法則と関連しています。具体的な締め切りを設定することにより、作業に対する集中力と効率が高まります。「この仕事は今日の15：00までに終わらせて、木村さんに確認を依頼する」といった明確な期限を設けることで、自分自身にプレッシャーを与え、集中してタスクに取り組むようになります。

また、この締め切りを相手に伝えることで、その緊急度をさらに高め、自分に対する責任感を強化することができます。

自分だけで締め切りを決めておくと、人間の心理として「少し延ばしても大丈夫かも」と考えがちです。

そこで、外部の力を利用します。他人に締め切りを伝えることですね。

そうすることで、自分に対する責任と緊張感を維持し、期限内に効率的に作業を完了させようという動機が強くなります。

このような外部からの圧力は、自己管理の強化に大いに役立つのです。

会議や打ち合わせでも、単刀直入に議題に入り、必要なアジェンダが終わればすぐに終了することができます。

しかし、実際には30分で終わる議題でも1時間を使い切ってしまうことはよくあります。前半に時間をかけすぎると、最後は駆け足になってしまうことを経験している人も少なくないはずです。

ダラダラと長引く会議は、時間の無駄遣いになります。
複数の議題がある場合、議題ごとの予定時間を設定することが重要です。これにより、余計な話が入る隙間を排除できます。

人はタイムリミットが迫ると、余計なことを排除し、重要なことに集中するようになります。時間をかければよいものができるとは限らず、どれだけ効率的によいものを出力できるかが重要です。

時間をかけたことを主張する人もいますが、費やした時間よりも生み出した価値が大事です。時間をかければいい、というものではありません。

仕事を効率的に進めるためには、締め切りを設定することが重要です。
長期間のプロジェクトでも、「今週中にここまでやる」といった具体的なスケジュールを組み込むことで、過剰な時間を費やさずに目標を達成する工夫をしています。

Point

急ぎでなくても、締め切りを設けよう

おわりに

「今日という日は、残りの人生の最初の1日である」

という有名な言葉があります。ご存じの方も多いことでしょう。

日々、いろんなものに追われながら生きていると、ついつい忘れてしまいがちですが、とても大切な真実だと思います。

一方で、今日という日は最初の一歩でもあります。

本を読んで終わりではなく、何か1つでもアクションを起こしてほしいなと考えています。

冒頭にお伝えしたように、本書では35の問いを投げかけさせていただきました。

あなたの「今」を見つめ直すきっかけになったでしょうか。

これまでのあなたの積み重ねが今をつくり、そしてまた今が未来をつくります。

だとしたら、今よりもいい未来を迎えるためには、今何をするかがとても大切なのだと思います。

世の中はこれまでにないスピードで変化を続けています。ＡＩやＩｏＴといったテクノロジーは、驚異的な速さで進歩しているのです。

それを否定することはできないし、そうした時代をどう生きていくのかを考えなければいけないと思います。

日々の出来事に振り回されそうになることも、振り回されてしまうこともあるでしょう。「何が正しいのか」わからなくなることもあるかもしれません。

「要領のよさ」をテーマに、みなさんと時間を共にしてきましたが、要領というのは少し表面的な言葉かもしれません。

根っこにあるのは、本質的な思考です。

目の前で起こっている表面的な事象にとらわれるのではなく、その奥には何があるのだろうか。そして、自分が本当に守らなければならないものはなんだろうか。

大切なのは、ゼロに立ち戻る選択肢を常に持っておくことなのではないでしょうか。

がんばりすぎて見えなくなってしまっているものがあるのかもしれませんね。

最後になりましたが、本書を通してあなたとお話しできたことに感謝しています。

次の機会を楽しみにしています。

それまでお互いがんばりましょう。

2024年4月

塚本　亮

カバーデザイン――――――――小口翔平+神田つぐみ（tobufune）
図版作成――――――――――――WELL PLANNING（赤石眞美）
カバー・本文イラスト―――水谷慶大

〈著者略歴〉

塚本　亮（つかもと・りょう）

株式会社トモニツクル京都山城代表取締役、ジーエルアカデミア株式会社代表取締役

1984年、京都生まれ。高校時代は、偏差値30台で退学寸前の問題児。そこから一念発起し、同志社大学経済学部入学。卒業後、ケンブリッジ大学で心理学を学び、修士課程修了。帰国後、京都にてグローバル人材育成「ジーエルアカデミア」を設立。これまで、のべ4,000人に対して、世界に通用する人材の育成・指導を行ってきている。

映画『マイケルジャクソン　THIS　IS　IT』のディレクター兼振付師であるトラヴィス・ペイン氏をはじめ、世界の一流エンターテイナーの通訳者を務める他、インバウンドビジネスのアドバイザリとしても活躍。2020年にはJリーグを目指すサッカークラブ「マッチャモーレ京都山城」を設立。

主な著書に、『ネイティブなら12歳までに覚える 80パターンで英語が止まらない!』（高橋書店）、『頭が冴える!　毎日が充実する!　スゴい早起き』（すばる舎）、『「すぐやる人」と「やれない人」の習慣』（明日香出版社）などがある。

要領よく成果を出す人は、「これ」しかやらない

8割さばいて「2割だけ」集中する仕事術

2024年5月15日　第1版第1刷発行
2024年7月10日　第1版第2刷発行

著　者　塚本　亮
発行者　永田貴之
発行所　株式会社PHP研究所
東京本部　〒135-8137　江東区豊洲5-6-52
ビジネス・教養出版部　☎03-3520-9619（編集）
普及部　☎03-3520-9630（販売）
京都本部　〒601-8411　京都市南区西九条北ノ内町11
PHP INTERFACE　https://www.php.co.jp/

組　版　有限会社エヴリ・シンク
印刷所　大日本印刷株式会社
製本所　東京美術紙工協業組合

ISBN978-4-569-85706-0

PHPの本

仕事が速い人は、「これ」しかやらない

ラクして速く成果を出す「7つの原則」

石川和男 著

残業ゼロでも成果を出す人は、一体何をしているのか？　自分の時間が劇的に増える「賢い力の抜き方」を紹介！

PHPの本

勝てる投資家は、「これ」しかやらない

MBA保有の脳科学者が教える科学的に正しい株式投資術

上岡正明　著

YouTube登録者数15万人超、著書累計55万部突破！　再現性を追求したまったく新しい投資術。

PHPの本

年収1億円になる人は、「これ」しかやらない

MBA保有の経営者が教える科学的に正しい「成功の法則」

上岡正明 著

ビジネス系人気ユーチューバーが成功本100冊と成功者を分析してわかった！
お金持ちになるための行動パターンと思考ルール。

PHPの本

資格試験に一発合格する人は、「これ」しかやらない

忙しい社会人のための「割り切る勉強法」

鬼頭政人 著

開成→東大→法科大学院→司法試験一発合格の「試験勉強の神」が伝授する「最小労力」×「最速最短」＝「最高の結果」を出す勉強法。

PHPの本

できる30代は、「これ」しかやらない

会社に使われて終わらないシン・働き方の教科書

松本利明　著

56000人の体験からわかった、充実した30代を送る「賢い働き方」を解説。最小の努力で最大の結果を出す人は「ここ」が違う！